MARKETING
TO THE AGEING
CONSUMER

银发营销

老龄友好型社会的商业机遇

［英］迪克·斯特劳德（Dick Stroud）

［英］金·沃克（Kim Walker）　　　著

风君　译

中国科学技术出版社

·北 京·

First published in English under the title
Marketing to the Ageing Consumer: The Secrets to Building an Age-Friendly Business
by D. Stroud and K. Walker, edition: 1
Copyright © Palgrave Macmillan, a division of Macmillan Publishers Limited, 2013
This edition has been translated and published under licence from
Springer Nature Limited.
Springer Nature Limited takes no responsibility and shall not be made liable for the
accuracy of the translation.

北京市版权局著作权合同登记　图字：01-2023-4062

图书在版编目（CIP）数据

银发营销：老龄友好型社会的商业机遇 /（英）迪克
·斯特劳德（Dick Stroud），（英）金·沃克
（Kim Walker）著；风君译 . — 北京：中国科学技术出
版社，2024.1（2024.11 重印）
　书名原文：Marketing to the Ageing Consumer:
The Secrets to Building an Age-Friendly Business
　ISBN 978-7-5236-0361-1

　Ⅰ.①银… Ⅱ.①迪… ②金… ③风… Ⅲ.①商业模
式 Ⅳ.① F71

中国国家版本馆 CIP 数据核字（2023）第 221063 号

策划编辑	杜凡如　齐孝天	执行策划	王秀艳　毛　芹
责任编辑	童媛媛	版式设计	蚂蚁设计
封面设计	潜龙大有	责任印制	李晓霖
责任校对	邓雪梅		

出　　版	中国科学技术出版社
发　　行	中国科学技术出版社有限公司
地　　址	北京市海淀区中关村南大街 16 号
邮　　编	100081
发行电话	010-62173865
传　　真	010-62173081
网　　址	http://www.cspbooks.com.cn

开　　本	880mm×1230mm　1/32
字　　数	174 千字
印　　张	8.75
版　　次	2024 年 1 月第 1 版
印　　次	2024 年 11 月第 2 次印刷
印　　刷	大厂回族自治县彩虹印刷有限公司
书　　号	ISBN 978-7-5236-0361-1/F·1185
定　　价	69.00 元

（凡购买本社图书，如有缺页、倒页、脱页者，本社销售中心负责调换）

我们将此书献给目前居住在这个星球上的 15 亿 50 岁以上的消费者，以及即将跨过知天命之年的数以百万计的消费者。我们希望本书中的一些思想将使他们的生活更轻松，并为那些适应这个变化并更好地为这些消费者服务的公司带来收益。

引 言

四分之一个世纪前，查尔斯·谢默（Charles Scheme）曾发表过一篇论文，题为《面向老龄化人口的营销：应对生理变化》（*Marketing to our Aging Population: Responding to Physiological Changes*）。这篇论文概述了随着客户的年龄增长，其感官、心智和身体出现的变化对营销者所产生的影响。

自那时起，关于这个主题的研究和著述就乏善可陈了。这不免令人感到诧异，因为自该论文发表至今，美国消费者的年龄中位数已增长了 16%。

关于老龄化带来的心理影响以及如何对老年消费者加以细分并进行沟通的机制，相关文章可谓比比皆是。至于不同年代的人在态度和行为上的明显差异，则有更多论述。

然而，最基本的问题在很大的程度上却被忽视了：公司如何适应它们最重要的资产——客户的不断老龄化？如此基本的问题何以能被视若无睹呢？

答案可归咎于营销者的思维方式，他们在产品中分出一小类专门销售给"老年人",至于剩下的绝大多数产品,则供所有其他人消费。

显然,如果你生产的产品(例如眼镜、助听器、防皱霜)能改善衰老带来的影响,或者生产的是用以修复衰竭器官的医疗产品(例如髋关节和膝关节置换术),那么生理衰老就是个重要因素。而如果你的公司并不为这些专业部门服务,那似乎就没有什么理由去关注老龄化问题,直到最近,这种状况依旧如故。

营销者对此问题也曾有过考量,他们得出的结论是,衰老的影响只在生命行将结束时才显现出来。这并非事实。视力、听力和行动能力的问题在一个人四五十岁的时候就开始显现了。而随着我们对衰老了解得越多,就会发现这种变化甚至在生命更早的阶段就初露端倪了。

波及欧美各国的金融动荡早已打破了简单化的世界运行模式。决策者和商界领袖们正被迫面对一系列虽然长期存在,但是可能在过去20年间被持续的经济增长所掩盖,因此被人们忽略的趋势。美国、欧洲,也包括亚太地区正在迅速步入老龄化,而西方国家的财政却无力应对由此产生的影响。

多年来,"可持续性"一直只是一群处于商界边缘的积极分子感兴趣的话题。然而在短短5年的时间里,它却一跃成为主导政府和企业决策的主题。"人口老龄化"这个话题也经历了类似的变化,已经从人口学家和老年学家间的学术辩论变成了一个影响众多公司的大问题，无论这些公司是大是小，是身处中国还是位于美国。

人口老龄化很快将与"可持续性"概念等量齐观，成为企业界必须理解并制定政策加以适应的全球趋势。

我们对此的经验是，那些试图应对人口老龄化问题的公司很难知道从何入手。对于已经瞄准老年群体的少数品牌来说，挑战在于营销策略和执行。

而对于大多数认为自己并不依赖老年消费者的公司来说，它们面临的挑战要困难得多。亚太地区的老年消费者与欧洲的迥异。最贫穷的老年消费者的需求与渴望，也与最富有的截然不同。老年女性的行为和老年男性相比更是大相径庭。看来，一个公司对老龄化的应对完全取决于其客户画像。

但有一个因素在所有的地域范围、所有的社会和经济阶层中都是共同存在的，而且是男女所共有的。除去个别例外，身体衰老给消费者带来的变化是普遍的，对企业和政府的影响也是如此。

作为本书作者，我们认为有一点是显而易见的，即一个如此重要，可人们又如此缺乏了解的话题，可以说是著书立说的完美主题，也是创造相应工具，以便将人口老龄化这个模糊问题转化为公司可诉诸行动的见解与指标的最佳对象。这就是我们撰写本书的根本原因所在。

本书的结构可分为四个部分。

一、历史与视野

前两章总结了向老年人营销的知识领域如何发展，以及人口老龄化造成的经济变化所波及的范围和程度。我们的目标是对一个复杂的主题加以精炼，以便读者了解制约公司向老年人营销的"大问题"，并对人口老龄化带来的潜在问题和机会加以诠释。

通常，人口老龄化的事实要么是被用以渲染年轻人太少而老年人太多所造成的灾难，要么就是用于展示因为"婴儿潮一代"[①]拼命想要留住青春而致使消费者需求不断变化所带来的巨大商机。而现实要复杂得多，介于这两个极端之间。

二、触点和生理衰老

这个部分旨在从生理衰老对公司产品、服务、分销基础设施，以及支持和沟通渠道影响的角度来解释其复杂性。如果一个公司的产品和供应渠道的基础不适合这个年龄群体，那么它试图理解和应对老龄化的心理问题就是毫无意义的。

如果顾客不能使用相应的产品，或看到和听到相关的广

[①] 在美国，"婴儿潮一代"（baby boomers）是指第二次世界大战结束后，1946 年初至 1964 年底出生的人，他们经历过 20 世纪 70 至 80 年代的经济繁荣期，被认为积累了一定的财富。但 2008 年的金融危机也令其资产缩水。如今这一批人已经或正在快速步入老年生活。——译者注

告，那么关于代际组群效应和发展性关系营销的理论再复杂也没有用武之地。

这需要我们了解认知、感官和身体衰老的细节，以及这些状况如何影响组织与客户之间的触点。

这部分的五个章节会从商业的角度，而非从衰老的科学理论角度来解释这些问题。其主要目的是确保读者具备相关的知识，以便了解老龄化客户群不断变化的需求，以及利用由此所产生的商业机会所需的工具。

三、"老龄友好"是什么及其如何度量

我们将"老龄友好"定义为一种环境，在这种环境中，老年人独特的身体需求以一种自然的、对所有年龄的人都有益的方式得到满足。

本部分详细阐述了老龄友好的概念及其度量方法。作者评估了许多全球品牌的老龄友好措施，并阐述了从其经历中可得到的经验教训。

四、让老龄友好成为一种生活方式

人口老龄化影响的远不止公司与客户之间的关系。年长的客户也是年长的雇员，还是年长的居民。本书的最后一部分阐述了如何将老龄友好的概念和为改进客户触点而开发的技术应用于帮助公司利用他们的老龄劳动力，以及帮助政府更好地

为老年居民服务。

本书的最后一章展望了未来，并思考了新技术和不断演变的社会态度将如何改变企业和政府对人口变化的反应。

营销者必须不断获得技能和知识，以便应对新技术带来的机遇，以及消费者不断变化的需求和愿望。作者希望本书能提供相应的知识和技术，以便帮助营销者从一个全新维度的且必将逐步影响其所有工作领域的变化中受益。

目 录

第一章

从历史性的视角审视老龄化的消费者

CHAPTER 1

关于老年消费者的重要性，以及营销者用以斩获其消费能力的各种相关技巧，都已不是什么新鲜话题。

早在 1991 年，《商业周刊》就曾专门撰写过这样一篇封面文章:《那些日渐衰老的婴儿潮一代以及如何向他们推销》。到了 15 年之后的 2006 年，就在美国婴儿潮一代纷纷为其 60 岁庆祝生日的这一年，《商业周刊》旧事重提，再次以一篇封面文章探讨了这个主题。

1992 年，美国学者乔治·P. 莫奇斯（George P. Moschis）出版了《面向老年消费者的营销》(*Marketing to Older Consumers*)一书。2002 年，法国营销专家让·保罗·特雷盖（Jean-Paul Treguer）也出版了《50 + 营销》(*50 + Marketing*)一书。

本书的共同作者之一迪克·斯特劳德（Dick Stroud）在 2005 年亦出版了营销教科书《50 岁以上者的市场》(*The 50-Plus Market*)，继续为这个知识体系添砖加瓦。

关于老年消费者的相关文字可谓汗牛充栋，几乎都集中在他们的行为上，比如，如何对他们进行细分，他们的购买力指标如何，以及他们的人口结构变化情况。

令人惊讶的是，关于那些对所有消费者均有影响的普遍问题——他们终将日渐老迈的身体如何给营销带来挑战和机遇——却鲜有人关注。

在讨论生理衰老的影响之前，有必要先总结一下我们那些所知道（和不知道）的影响老年消费者的营销因素。本书的出发点便是试图解决这样一个悖论：为什么一个如此庞大而富有的群体却在营销界乏人问津。

第一节　迷思、刻板印象和惰性

如今仍在营销文化中根深蒂固的许多想法都肇始于一个年轻人口快速增长的时代。那时就业水平很高，而扩大客户群是头等大事。这些因素均意味着，营销者要更多聚焦于年轻人而非老年人。

只要是触及这个问题的研究，就会遭遇一系列的观点，告诉你为何公开投注于老年消费者太困难甚至危险。如今，我们已不那么经常听到此类观点了，但其也仍未消失殆尽，以下就将其一一罗列出来。

一、老年人不会更换品牌

这种观点假设，一旦一个人在 20 岁或 30 多岁时确立了购买偏好，就很难改变，而且改变的代价十分高昂。从这个假设得出的推论是，当一个人到了 50 多岁的时候，他们的"生活购物篮"就已经固定下来终生不变了，因此在年轻人身上倾斜更多的营销资源，以便"趁他们年轻时加以虏获"就是明智之举。

毫无疑问，品牌偏好和年龄之间确有相关性，但正如最近超市自有品牌的流行所证明的那样，这种关系远非一成不变，不管在美国还是欧洲均是如此。如果这种说法真有其道理的话，老年人应该还在用 VHS 录像带而不是蓝光播放器。同样，根据这个观点，老年人应该会拒绝电子书阅读器，然而现实是老年用户占到了美国电子书用户的三分之一。

二、明确针对老年人的广告会疏远年轻人

和许多此类迷思一样，这种说法也有一定的道理。

显然，如果你把时尚宣传的目标锁定在 20 岁的年轻人身上，可向他们展示的衣服却由看起来像他们父母辈或祖父母辈的模特穿着，这无疑是愚蠢的。然而，由这个观点所推导出的结果，却并不是应该为了避免疏远老年人的子女一代而将前者拒之门外。

苹果和玛莎百货（Marks & Spencer）等世界级公司的案例已经证明，创作出能够吸引所有年龄层的成功广告并非不可能的任务。这两家公司都成功地开展了以多元图像为特色的广告宣传活动，以便吸引老中青三代客户。

三、我们总会虏获他们的

这个观点的依据是，为了吸引 18~35 岁群体而创建的营销传播方式也会被他们的父母和祖父母看到，并使后者同样受到影响。既然针对年轻人的主要传播方式已经触及老年消费者，为什么还要费力地公开吸引后者呢？不得不说，这可能是所有观点中最愚蠢的一个了。

如果某种营销传播是为了吸引年轻人而优化的，那么不管这些广告被老年人看到了多少，他们都会本能地将其贴上"不适合我"的标签并加以忽略。

亚太地区、美国和欧洲的研究都得出结论，老年人认为许多营销传播并不是针对他们的——他们是对的。

老年人是许多产品类别例如豪华汽车的最大买家，这种情况下商家却针对年轻人这样一个负担不起相应产品的年龄段来优化营销传播，真是咄咄怪事。

四、老年人故步自封

这种观点认为，变革、冒险和尝试新事物的精神只属于年轻人。浩腾媒体（OMD）和本书作者迪克·斯特劳德进行的研究均显示，在一些欧洲国家（尤其是法国），老龄化确实导致人们失去了尝试新事物的欲望。然而，在其他国家（尤其是澳大利亚），情况却恰恰相反。在这些国家中，人们尝试新事物的欲望随着年龄的增长而增长，且为此买单的能力也与日俱增。

五、老年人有科技恐惧症

同样，这种说法有一定的道理，但现实要复杂得多。对互联网使用统计数据的粗略研究表明，国籍、受教育程度和社会经济群体归属是影响互联网使用的主要因素。在美国，最富有的 18~24 岁人群拥有智能手机的可能性比最贫穷人群高出 30%。而在 45~54 岁年龄段中，这个差距陡升至 230%。

这些迷思和刻板印象在一定的程度上解释了营销者为何不愿意在老年消费者身上花费与其消费能力相称的时间和预算。

大多数企业文化都抵制激进的变革。每个季度都要面对的取悦股东的压力，以及高级营销人员不到 24 个月的短暂任期，均阻碍了创新思维和新战略的采用。

还有另外两个更重要的原因导致人们的态度转变如此之慢。其中较明显的一个是，大多数营销人员，尤其是广告公司的人员构成都很年轻。在过去 3 年里，英国广告公司员工的平均年龄约为 33 岁。当然，这并不是说年轻的营销人员就理应不善于理解和吸引他们父母辈和祖父母辈的消费者。只要有相应的技巧、决心，还有最重要的打破常规的思维，年轻人也可以做到这一点。但是，对其阻力最小的途径是通过推断同龄人的需求和愿望，或者基于自己年长亲属的偏好，试图对市场管中窥豹，但是其结果也可能会成为盲人摸象。

营销人员之所以迟迟无法做出改变，最后一个也是最重要的原因，是他们所处的令人沮丧的保守文化。对此类顽固想法的最贴切描述是："既然以年轻人为中心的策略在过去的 10 年里让我们业绩不错，那么为什么现在要改变呢？"品牌广告公司沃尔夫·奥林斯（Wolff Olins）的联合创始人沃利·奥林斯（Wally Olins）对此类想法的批评更不留情面："营销人员很懒，他们会选择简单的选项。继续墨守成规可要比离开自己的舒适区容易得多了。"

许多年前，有一种说法广为流传："从来没有人因为买了 IBM 而被解雇。"那还是 IBM 统治计算机行业的时代。而我们当前正在谈论的，营销者对老年消费者避之不及的原因也可说成是："从来没有人因为瞄准年轻群体而被解雇。"大势不可阻挡，直到其自身退去。以 IBM 为例，该公司即便曾如日中天，但也一度接近破产，而随着它的衰落，IT 投资的旧有确定性也消失了。总有一天，营销者的行为也将不得不跟上现实的脚步，并对老年消费者消费能力的重要性表现出足够的重视。

第二节　我们所知的

作为营销者，我们都喜欢把一个复杂的主题简化为一个

"做与不做"的清单或一套"你需要知道的前五件事"之类。不幸的是，这种简单化的总结并不适用于针对老年人营销的主题。

在过去的 10 年间，随着我们对老年人的了解日渐深入，我们的有效营销技巧也有所提升。以下是我们可以自信运用的最重要的知识点。

一、人口统计资料

世界上大多数地区都有关于其所有公民的年龄和地理分布概括的丰富数据。联合国是这方面信息的最佳来源之一。就我们所知，几乎所有地区的中位数年龄都在增加，只是各地起始点和变化率有所不同。

与之相伴的是我们对大多数国家出生率下降的认识。这两个因素之间的关联，招致了对地球影响最为重大的社会和经济动荡之一。

二、财富

在美国和大多数欧洲国家（以及亚太地区的许多国家），老年人拥有最大比例的财富。这并不奇怪，因为财富的构成包括住宅地产和养老金投资。这两种金融工具都是随着持有者年龄增长而增值的。在将这些财富转化为收入以便支持老年人的退休生活的过程中，有许多营销机会。

三、缺乏一致性

无论你从哪个角度来观察老年消费者（例如经济、社会、教育、技术素养），他们的行为和个人境况几乎都没有一致性。富有、健康、受过良好教育的 65 岁职业妇女，与贫穷、失业、健康每况愈下的体力劳动者之间几乎没有共同之处。年龄并不是预测人们行为的有效指标。

四、尚未准备好迎接退休

鲜有政府已为应对人口老龄化带来的财政和社会变化做好了充分准备。经济合作与发展组织最近的一份报告得出结论："在欧洲和北美，人口结构转型，即少子化和寿命延长的过程花费了一个世纪。而在亚洲，这种转变往往发生在一代人的时间内。"与各国政府一样，大多数临近退休的公民也没有在经济上做好准备，以便在离开工作岗位后仍能维持他们的生活质量。而在欧美，由于经济衰退造成的财务影响令这种情况雪上加霜。

图 1–1 为 Saga[①] 对 2011 年底与一年前相比，英国老年人生活质量感知变化的研究。

[①] Saga，指 Saga 保险公司，是 SAGA 集团的子公司，在英国有着巨大的市场，它们的保险业务是为 50 岁及 50 岁以上的特殊人群服务的。——译者注

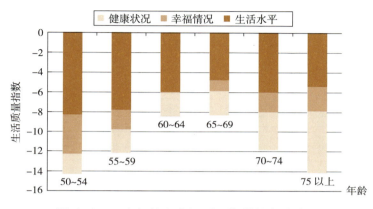

图 1-1　6 个年龄段生活质量指数的年度变化

人们对生活质量的看法因年龄而异，这突显了两个要点。不足为奇的一点是，一个人的年龄越大，其健康状况在决定其生活质量方面的作用就越重要。

而不那么显而易见的一点是，处于老龄中间段者，即年龄在 60~69 岁的人，觉得他们的生活质量更高。

那些已经退休并确保其能够领取养老金的人，比起那些目前临近退休的人，处境要好得多，后者面临着就业保障减少和投资回报下降的双重问题。在欧洲和美国，房价下跌对那些"年轻老人"① 产生的影响尤为显著。

欧美那些处于较低社会经济地位的老年人所遭受的痛苦

---

① 根据世界卫生组织的划分标准，年龄在 44 岁以下的人群被称为青年人，45~59 岁为中年人，60~74 岁为"年轻老人"，75~89 岁为老年人，而 90 岁以上的为长寿老人。——译者注

远远超过比他们富有的同龄人。图 1-2 借助 Saga 的研究阐明了这一点，其显示在英国，最低阶层的生活水平的年降幅是最富裕阶层的两倍。

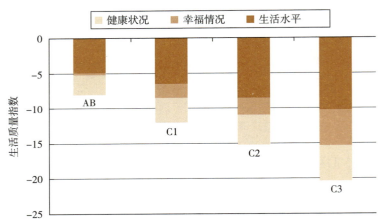

AB 为最富裕阶层；C1 为中高收入阶层；C2 为中等收入阶层；C3 为最低收入阶层

图 1-2　4 个社会经济群组生活质量指数的年度变化

我们可以大胆预测，在那些已经历过或仍在经历经济衰退的国家，老年消费者将分化为"无所不有"和"一无所有"两类。这两者之间的分裂不会像"我们是 99%"运动①所主张的那样极端，但也会导致大多数老年人不得不重新评估他们生命中最后四分之一时段的生活方式。

---

① 2011 年"占领华尔街"运动中涌现出的口号，"我们是 99%"意指美国 1% 的人口所拥有的财富多于剩余 99% 的人拥有的全部财富。——译者注

第三节　营销类型

当营销者提到"针对老年人的营销"时，他们指的总是"营销传播"，而不是营销的所有方面（即产品、产品提供、定价、沟通、销售渠道和支持）。

另一个很少被区分的是产品设计和营销活动焦点之间的相互关系。这些差异可以用图 1-3 所示的年龄—市场营销矩阵来加以最好地说明。

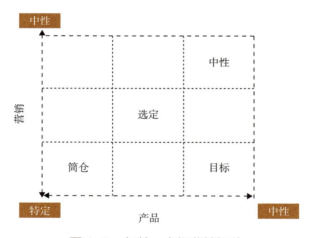

图 1-3　年龄—市场营销矩阵

在矩阵的左下角所示为筒仓营销，是指产品为老年人设计，并专门面向老年人推销。这类产品的例子包括退休住房、与年龄相关的疾病的治疗药物，以及针对退休人员的住房、护理和金融产品。这是对老年消费者进行营销的最常见形式。

与筒仓营销截然相反的是中性营销。在这种情形下，产品被所有年龄段的人购买，并针对所有年龄段进行营销。中性产品有白色家电、住宿和旅游服务、汽车和消费性包装品。中性产品的产品范围和商业潜力远远大于筒仓产品，但它们所要求的营销难度也大得多。

该矩阵还包含其他变体，包括设计中性但针对老年人的特定营销主张的产品。这种变体称为目标营销，例子有针对特定年龄的产品折扣，例如眼镜，或聘用年长名人来对所有年龄群体都购买的产品（例如计算机、游戏机、度假胜地）进行形象推广。

最后一类是选定营销，在这类营销中，产品和营销活动都被修改，目的便是与老年购物者相关联。针对老年人健康关注的产品（例如降低胆固醇）和有助于那些有视力或体力问题者选购的改良包装产品都属于这一类。

如果说营销者从营销和客户年龄之间的关系中能学到些什么，那就是营销应该"无视年龄"。

针对年轻人的营销和针对老年人的营销之间并非泾渭分明。和所有优秀的营销一样，"银发营销"的出发点是深入客户的头脑，了解他们的动机和态度。营销者面临的挑战一直是（现在仍然是）如何抛弃对老年人的刻板印象和迷思，并专注于基于证据的知识。

第四节　我们所不知的

银发营销的核心是两个问题：

如何细分老年市场？

老年消费者的需求、渴望和行为是什么？

一旦你对这些问题的答案了然于胸，那么新产品开发、沟通和渠道策略就自然水到渠成。

在过去的 10 年间，一系列的理论均试图回答这些问题。其中一些是有用的理论建构，另一些则与完善营销活动直接相关。

应用这些理论的困难在于处理它们之间的相互关系，并认识到某种理论方法最为适用的是何种情况。

除了以实足年龄为行为的预测因素外，据称还有十几个其他因素决定了老年人的行为方式。以下是最常见的一些因素。

一、时代精神效应

这也被称为"同辈效应"或"世代效应"。这些概念是基于社会学家卡尔·曼海姆（Karl Mannheim）的思想。他的理论是，每代人都有一套集体的观点、品位和欲望。了解这些构成性的经历可以为定义营销战略提供洞见。这种方法在理性上颇有吸引力，但很难加以实际应用。

二、生活方式

这是对影响老年人行为的经济、教育、社会和文化因素的综合描述。这些因素可以聚合为地理人口细分。在这种情况下，地理位置和住房类型被用作预测生活方式因素的代替指标。或者，这些细分市场可能基于定制化的生活方式群体，比如浩腾媒体所创建的群体。除了行为外，生活方式还影响对象的预期寿命和健康状况等实际特征。

生活方式可以简单有效地应用于有形的变量，例如财务因素，但很难应用于主观渴望类因素。

三、人生阶段

从工作到退休，从多代同堂到单代家庭，再到跨过赡养父母这一道坎儿，这是老年人经历的三个主要人生阶段事件。所有这些转变都会对行为产生重大影响。

乔治·P. 莫奇斯在人生阶段细分理论方面的工作对于理解人生阶段及其如何被营销从业者应用非常重要。

乔治·P. 莫奇斯阐释了老年消费者所经历的多变生活事件是如何产生那些让他们接受营销产品的因素的。这些事件可能是生理上的，例如慢性疾病的发作和更年期。还有一些事件是由退休、成为祖父母或失去配偶等事情引发的。

四、死亡效应

在 65 岁时，一个男性可以预期自己还有 10 年以上的健康寿命，女性则可能多预期一到两年。大多数老年人不会意识到这个事实，但他们会察觉到自己的身体衰老，以及与年龄相关的疾病的发作。年轻时持有的那种对生命永驻的假设，逐渐让位于自己也终有一死的无奈认识。这个"滴答作响的生命时钟"可能会引发重大的生活改变事件（比如搬家、决定离婚）。它对人的行为有非常强大的影响力，但很难加以应用。

五、心理因素

有一系列理论被用来解释衰老如何影响人类的价值观、自我意识、信仰、优先事项和我们的生存理由。对于这些与年龄相关的心理因素作为理解晚年行为机制的重要性，已故的大卫·沃尔夫（David Wolfe）可能是最有力的发声支持者。他的发展性关系营销理论在其著作《不老营销》（*Ageless Marketing*）中有所阐释。

虽然已在学术研究中建立了理论及其构架，但是该方法很难从理论转化为营销的实际应用。

六、性别

关于男性和女性消费行为的差异有多种理论，但很少有理论能解释这些行为是如何随着人们年龄的增长而变化的。美国营销者马蒂·巴莱塔（Marti Barletta）和卡罗尔·奥斯本（Carol Orsborn）在扩大我们对这个主题的理解方面所做贡献最多。他们的结论是，女性在家庭决策中的重要性会随着年龄的增长而与日俱增。

女性比男性长寿的事实是理解女性行为为何变得日益重要的另一个原因。在2010年的美国，65~74岁群体的男女比例为86∶100。这种失衡还会随着年龄的增长加剧，在85岁以上人群中，男女比例仅为49∶100。这种女性比男性长寿的现象在大多数地区都普遍存在。

尚未解决的挑战是，这种性别寿命差异如何与老龄化的其他影响结合在一起。

除此以外，还有另外三个因素在某些情况下非常重要。

国籍——国籍效应会显著影响人们变老的方式。这些影响不能简单归入地区类别因素。同为欧洲人的英国人和法国人在衰老行为上的差异，就像新加坡人和马来西亚人的差异一样大。

性取向——在某些情况下，老年人的性取向是其行为的一个重要决定因素。对于年长的男女同性恋者，当他们需要居家护理服务时，便会受到护理提供者对同性恋态度的影响。

经济衰退的影响——经济衰退带来的动荡改变了老年人对自己和子女生活方式的许多假设。这可能导致其优先事项和生活方式的重大变化。

每一种理论都有一群忠实的拥护者，他们深信自己信奉的观点是最好的，可能也是理解老年人行为方式的唯一途径。衡量这些理论是否有用的最重要标准是它们是否通过了"那又怎样"的测试。也就是说，某个理论在智性上可能很有趣，但它能帮助营销者做出关于广告、渠道选择和产品设计的运营决策吗？

除了如何将这些方法结合起来并决定在何种情况下加以灵活使用的难题外，还有一个问题悬而未决。我们可能对今天60~70 岁者的性别差异有一个合理的认识，但下一批老年人的性别差异又会如何变化呢？有一些证据表明，性别差异将会缩小，但这还远不能盖棺定论。事实上，对于这些预测行为和进行市场细分的方法将如何随着时间的推移而变化，我们也几乎一无所知。

第五节　当前的进展

不太可能有这样一个突兀的转折点——营销者一觉醒来便恍然大悟，并开始对老年人群投入他们本应投入的营销资源。

实际情况似乎是人们慢慢地，或许不情愿地认识到，对老年人的营销必须加以认真对待，并使之成为所有营销计划中不可分割的一部分。

经济衰退带来的为数不多的积极影响之一是，人们普遍意识到，有相当数量的老年人对经济衰退带来的困境免疫。与以往的经济衰退不同，这次席卷欧美的经济衰退对年轻人的影响大于对老年人的影响。

研究和了解老年人的手段及方法将继续改进，但我们对老年人心理构成的理解不太可能有任何重大突破。对细分方法也是如此。已有一些微小的改善，但没有根本的改变。

我们正在迈入一个新时代，在这个时代，公司将无法再对人口老龄化不以为意、视而不见。我们可以确定的一个事实是，世界上95%的人口正在经历老龄化。随着人们年龄的增长，其生理上的变化会影响众多私人和公共机构，即使它们并没有公开试图吸引老年人。

如果说过去20年间，面向老年人的营销方法与应对他们的心理需求有关，那么未来10年则将主要由老年人身心的生理变化所主导。这些变化将是新产品需求的主要来源，也是各组织机构在其如何追求实现老龄友好方面展开竞争的机会。

本章小结

关于老年消费者的文字可谓汗牛充栋，可几乎都集中在他们的行为上，比如，如何对他们进行细分，他们的购买力指标和他们的人口结构变化。令人惊讶的是，那些对所有消费者均有影响的普遍问题——他们日渐衰老的身体如何给营销带来挑战和机遇——却鲜有人关注。

　　自从针对老年消费者的营销这个课题首次被研究以来，就有一系列的观点，指出为什么这是一项危险或不可能完成的任务。例如，老年人不会更换品牌，明确针对老年人的广告会疏远年轻人。如今这些观点我们已不再经常耳闻，但其也仍未消失殆尽。营销者之所以迟迟没有意识到老年人的重要性，最重要的原因是他们所处的令人沮丧的保守文化。对此类顽固想法的最贴切描述是："既然以年轻人为中心的策略在过去的 10 年里让我们业绩不错，那么为什么现在要改变呢？"

　　在过去的 10 年间，随着我们对老年人的了解日渐深入，我们的有效营销技巧也有所提升。我们现在了解了他们的人口结构、财富和收入分配，以及一致性的缺乏。年龄—营销矩阵的广泛使用使我们可将针对老年消费者的营销分为不同的类别，其中最重要的是筒仓营销和中性营销。

　　银发营销的成功关键在于知道如何细分老年人，理解他们的需求、渴望和行为。一旦你对这些问题的答案了然于胸，那么新产品开发、沟通和渠道策略就自然水到渠成。有一系列的理论声称可以回答这些问题。应用这些理论的困难在于处理它们之间的相互关系，并认识到某种理论方法最为适用的是何种情况。

　　如果说过去 20 年间，面向老年人的营销方法与应对他们的心理需求有关，那么未来 10 年则将主要由老年人身心的生理变化所主导。这些变化将是新产品需求的主要来源，也是各组织机构在其如何追求实现老龄友好方面展开竞争的机会。

第二章

人口老龄化的现状分析

CHAPTER 2

　　本章解释了为何在可预见的未来，人口老龄化将对政府的政策和企业的决定产生深远影响。

　　人口统计学变化正迅速从人口学家和老年学家之间高深莫测的学术辩论转变为影响波及所有类型公司的重大问题，无论这些公司的总部是位于欧洲、美国还是亚太地区。

　　人口老龄化很快将与可持续性概念等量齐观，成为企业界必须理解并制定政策加以适应的全球趋势。

　　公司接纳可持续发展议程的原因很简单——它具有良好的商业意义。尼尔森（Nielsen）公司的一项全球研究发现，大约三分之二的消费者更愿意从实施社会友好项目的公司购买产品、为其工作和进行投资。

　　而迄今为止，还没有一种财务紧迫性能推动公司将人口变化问题纳入其企业社会责任议程。人们试图提高这个主题的知名度，例如，巴斯夫（BASF）、赢创（Evonik）和思爱普（SAP）曾与学术界联合实施人口变化项目。然而，几乎没有证据表明，这类政府资助的举措提高了这个主题的知名度，或者导致了公司行为方式的持久改变。

这种情况即将迎来改变。由于经济衰退对国家财政的影响，加上老龄化带来的成本和后果，"无所事事"的选项已不再适用。眼下，在这个方面"有所作为"的策略在大多数组织中都尚付之阙如，但正如本章所阐述的，留给它们制定和实施这些策略的时间已经不多了。

人口老龄化对一些公司有利，对另一些公司则未必。

从个人的角度来看，过去的 50 年是见证了经济繁荣和预期寿命延长的 50 年。世界上固然有些地方——主要是在非洲和饱受战争蹂躏的地区——没有这么幸运，但对生活在其他地区的大多数人来说，他们的生活质量和寿命都有所提高。

繁荣局面的巩固和预期寿命的延长与出生率的下降这两点密切相关。对一些国家来说，这种趋势更可谓急转直下。

当人口拥有更长的寿命和更少的孩子，这给一个国家的公民带来了物质和社会双重福利，但也给政府带来了巨大的挑战。企业界则游走于这两个极端之间，正试图确定人口老龄化对其到底是机遇还是威胁。

最后一批婴儿潮一代出生于 1964 年。当时，日本是唯一一个出生率低于每名妇女 2.2 个孩子的人口替代率①的国家。在美国，出生率是 3.5，预期寿命是 70 岁，而在中国，出生率

---

① 又称"人口更替率"，是指为了使一个国家或某个区域在人口上出生与死亡达到相对平衡而产生的一个比率，即为保持平衡状态所需每个妇女平均生育孩子的个数。——译者注

是 5.7，预期寿命是 52 岁。

到这个年龄群体庆祝 45 岁生日时，世界人口结构已经发生了翻天覆地的变化。美国、中国、俄罗斯和欧洲大部分国家的出生率均已低于人口替代率。中国人的预期寿命增加了 20 岁，达到 73 岁。日本人的预期寿命已升至 83 岁，而美国人的预期寿命则增加了 10 岁，达到 79 岁。在不到半个世纪的时间里，寿命的延长伴随着生育率的下降，从根本上改变了年轻人和老年人的数量对比——这个过程仍在继续。

表 2-1 所示为 2010 年到 2020 年预期寿命和生育率的预测变化。这些来自联合国经济和社会事务部的预测表明，预期寿命将继续增加，而生育率则会企稳，在某些情况下还会略有下降。对于这种预测，我们应该持有些许怀疑态度。

表 2-1　2010—2020 年预期寿命和出生率的变化

国家	2010—2015 年		2015—2020 年	
	预期寿命	出生率（%）	预期寿命	出生率（%）
中国	73.8	1.56	74.7	1.51
意大利	82	1.48	82.6	1.56
日本	83.7	1.42	84.3	1.51
英国	80.4	1.87	81	1.9
美国	78.8	2.08	79.4	2.08

人口预测者习惯性地低估了预期寿命的延长速度。1977 年，英国国家统计局认为，2011 年男性出生时的预期寿命将

为 73 岁。实际预期寿命却达到了 79 岁。对生育率的预测稍微准确一些，但该数值往往被高估了。

在发达国家和发展中国家，老年人越多而年轻人越少的趋势似乎将延续下去。关于这些趋势如何转化为老年人和年轻人的相对数，见图 2-1。

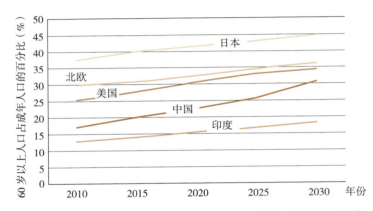

图 2-1　60 岁以上人口占成年人口（20 岁以上）百分比的变动

到 2020 年，日本将达到 40% 以上的成年人口（定义为 20 岁以上者）过 60 岁的水平。

这些预测表明，美国的这个年龄比例开始趋于稳定，而中国老年人的人口比例将开始加速上升。

预测期限越长，人口老龄化的影响就越普遍。波士顿咨询公司（BCG）认为，到 2050 年，所有七国集团和金砖四国（巴西、俄罗斯、印度和中国）的人口老龄化程度将与日本当前水平相当。

　　2012 年有 20 个国家的人口在减少。其中幅度最大的是俄罗斯、德国和日本。而到 2050 年，另外 25 个国家将加入此列，其中最大且经济上最重要的是中国。

　　这些趋势和百分比并未能传达出这种变化带来的严峻状况，即人口中老年人的数量因此而大幅增加。2010 年，在图 2-1 所示的 5 个地区有 3.75 亿 60 岁以上人口。在接下来的 20 年，也就是到 2030 年底，60 岁以上人口将增加 3.2 亿。

　　人口变化的速度和规模很难直观理解，然而这些数字忽略了另一个同时发生的主要趋势所带来的结果。到 2025 年，中国城镇人口将再增加 3.5 亿人。这甚至比美国（2009 年）的总人口还要多。

　　几乎在所有的地理区域，城市的发展都是以牺牲农村人口为代价的。即使是已经经历过剧烈城市化时期的美国，也仍在发生这种变化。到 2050 年，生活在城市中的美国人将再添 1 亿。

　　年轻人通常处于"逃离农村"，即从农村迁移到城市以便寻找工作的潮流前沿。农村人口年龄的这种不对称变化导致其老年人口的密度进一步增加。

　　罗斯托克人口变化研究中心对了解一个国家内老年人分布的重要性进行了研究，得出的结论是"国家内部的地区差异可能比国家之间的差异更大"。城市化和老龄化彼此相互交织的结果，形成了老年人的"地理热点"，这些地区的老年人口密度远远高于国家平均水平。

城市化和老龄化的共同趋势所造成的经济与社会动荡，产生了巨大的经济和社会挑战。即便在经济形势较为温和的时期，政府恐也难以应对这些变化。而 2012 年的全球经济可绝对谈不上"温和"。

美国、日本和欧洲被迫迅速削减预算赤字，而亚太地区的国家则需要重新调整其经济，以便反映新的全球经济力量平衡态势。

人口老龄化、城市化和经济衰退对财政的影响很难量化，从媒体对此的粗略研究来看，很明显，它们认为美国和欧洲的经济困境才是头等大事。国际货币基金组织则得出了不同的结论。其认为，老龄化导致的未来财政福利增加所带来的财政成本，是经济危机财政成本的 10 倍。当关于经济衰退的记忆开始被人们淡忘时，人口老龄化的影响仍将恒久存在。

第一节　人口老龄化的不确定性

2006 年，美国联邦储备委员会主席本·伯南克（Ben Bernanke）在谈到美国时说，尽管有许多力量都参与塑造社会，但是没有任何一个因素会像人口老龄化的影响那样普遍。

"普遍"这个词并未暗示人口老龄化的结果到底是吉是凶。本·伯南克在此用一个中性词是明智的，因为我们很难对人口变化的结果及其经济和社会影响进行预测。

表 2-2 列出了其中最重要的一些后果。

表 2-2　人口老龄化的经济和社会后果

因素	受人口变化影响的领域
财产	在老年人搬家或使用房屋的股权为他们的退休和护理提供资金时，房地产的价格和可用性
劳动力	年轻人进入劳动力市场的供需动态以及老年人推迟退休的趋势
投资资本	老年人因为耗尽财富来支付他们的生活开支，导致其储蓄水平的下降和对不同类型金融工具需求的变化
医疗和护理成本	这些成本以及技术能力增加的幅度和时机、更健康生活方式的采纳，以及为缓解成本增长而建立的新的低成本交付模式
国内生产总值增长	老年人和年轻人的数量与消费习惯的变化对经济增长的影响
人口统计	预期寿命、健康预期寿命和生育率预测误差的可能性及其影响
对产品和服务的需求	由于不同年龄群体的数量和需求的变化而产生的产品及服务需求的变化模式与水平

我们不可能根据这些经济和社会后果的重要性、发生的时机或我们对其影响的信心程度来对其进行排序。

然而，我们可以肯定的是，医疗成本的增加和 GDP 增长的变化将会产生显著与普遍的影响。因此，下面我们将更详细地讨论这两个因素。

一、医疗护理成本

据标准普尔称，人口老龄化和新型救生医疗技术的成本提升两相叠加，将导致国家支出中医疗护理所占比例大幅上升。这种增长将发生在所有 G20 国家。表 2-3 所示为到 2050 年，法国、英国、美国和中国的国家医疗支出的预测增长。

表 2-3　2010—2050 年各国预计增加的医疗护理支出占 GDP 的百分比

国家	占 2010 年 GDP 的百分比（%）	到 2050 年增加的 GDP 百分比（%）
法国	8.6	5.8
英国	8.0	6.1
美国	4.4	6.0
中国	2.2	2.0

所有这些国家都必须为医疗支出的大幅增加提供资金。中国不得不将支出增加了近一倍。英国被迫增加的医疗支出规模将与其教育支出等量齐观。而美国将不得不增加相当于现有国防预算规模的支出。

这种成本上升最明显、最容易量化的原因，是医疗护理服务患者数量的增长。标准普尔认为，另一个原因是全新（且昂贵）的技术和疗法带来的成本，其增长占总成本的三分之二。技术变革及其影响要比人口统计数据更难量化和预测。对于后者几乎没有分歧，但围绕前者却有很多不同意见。

经济学人智库（EIU）调查了欧洲各地医疗护理专业人士的观点，以便了解他们对老龄化对本国体系影响的担忧。在西班牙、德国和斯堪的纳维亚半岛诸国，这种威胁被认为微乎其微或根本不存在。在英国，35% 的研究调查对象认为，人口老龄化将威胁到医疗体系的生存能力。法国和东欧的医疗专业人士也对此表示了高度关切。

也许英国的医疗专业人士过于悲观，或者他们的西班牙同行过于乐观，在前者的国家正遭受经济衰退的严重影响之际可能尤其如此。

毫无疑问，人口中老年人数量的增加将导致对护理和医疗服务的需求增加。在英国，65 岁以上的老年人耗费了国家医疗服务 40% 的预算，占据了三分之二的医院床位。

归根到底，人口老龄化对医疗体系的影响是由政治家和决策者控制的。除了从其他预算中拨出大量公共支出用于医疗护理外，别无选择。迄今为止，几乎没有证据表明政府愿意面对这个挑战。

二、GDP 增长

当评论人士提及"老龄化问题"时，他们所指的总是人口老龄化会降低 GDP 增长，进而导致国家财政不稳定的情况。

这种噩梦般的场景是由四个因素共同导致的：

为公共支出提供资金的劳动力越来越少；

为资助医疗护理和养老金必须提高税收水平，随之而来的是用于购买商品和服务的可支配收入的减少；

需求下降，影响就业水平和税收，增加对公共服务的需求；

由于老年人将储蓄用于养老，而年轻人没有足够的收入用于投资，所以储蓄水平下降。

这些令人不快的情形带来的后果便是经济停滞不前。

这种后果在多大程度上有可能发生，其严重性又如何，完全取决于老年人的经济活动水平。如果老年人经济活动水平低下，本身又离开劳动力市场，转而消耗政府补贴，那么上述噩梦发生的可能性就会增加。而如果老年人口的经济活动寿命延长，他们就会缴纳更多的税款，减少需要国家资助的时间，从而形成提振经济增长的良性循环。

哈佛大学公共卫生学院的经济学和人口学教授大卫·布鲁姆（David Bloom）与两位同事共同撰写了一篇论文，质疑了对人口变化的悲观看法，并阐释了如何避免这种结果。

他的核心论点是：只要私营和公共部门有足够的灵活性来适应新出现的社会结构，老龄化就不太可能对经济增长产生太大影响。

他认为，随着人口老龄化，个人和公司的态度将会改变。

健康寿命将会延长，致使人们工作的时间更长，从而为退休生活储蓄更多。移民政策将做出相应调整以便增加年轻工人的数量。大体上，国家、企业和个人的行为将会适应老龄化。

埃森哲（Accenture）与牛津经济学（Oxford Economics）联合进行的一项研究表明，人们在劳动力市场上保持多长时间的经济活跃至关重要。据估计，通过将延长工作寿命和提高生产力相结合，有可能使美国的 GDP 在 2020 年增加近 4500 亿美元。德国、英国、西班牙和印度也被认为有可能通过此类举措实现类似比例的 GDP 增长。

由英国政府资助的一项研究表明，人口的工作寿命每延长一年，该国的实际 GDP 水平就会提高约 1%。

不幸的是，任何关于延长工作寿命的讨论都会出现两种意见。工会成员认为延长人们的工作时间是对工人权利的侵犯。商业压力已经导致了欧洲和美国私营部门雇员工作寿命的延长。而正是在工会组织最强大、养老金保障水平最高的公共部门，变革阻力最大。

有趣（也令人不安）的是，法国社会党总统弗朗索瓦·奥朗德（François Hollande）上台后的首批举措之一就是将退休年龄从 62 岁降低到 60 岁。

第二个争议观点虽然很容易被驳倒，但是仍然越来越流行，这是一种错误的假设，认为留住老年人会减少年轻工人的工作机会。

经济学家将这个概念称为"劳动总量固定谬误"，它也被称为"零和谬误"。虽然年老劳动者和年轻劳动者的数量之间并没有相互关系，但是这并没有阻止要求给予年轻劳动者优先就业权的呼声。所谓"代际公平"的观点认为，与年轻人相比，老年人获得了不成比例的收益，这个话题已经在欧美媒体上大行其道。

如果欧洲和美国的经济增长达到 20 世纪 90 年代的水平，那么延长工作寿命的需要就不成问题了。然而，在 2012 年，欧美经济增长水平疲软，这导致了低水平乃至负水平的就业机会。在这一点上，人口老龄化和经济全球化的影响紧密地交织在一起。

回到最初的问题——人口老龄化会导致 GDP 水平下降吗？答案是，这完全取决于宏观经济状况以及政商界人士对此有何作为。

第二节　人口老龄化的确定性

老龄化最确定的结果，就是消费者的心智、感官和身体所产生的变化——这也是本书的主题。消费者都将经历生理衰老，这是百分之百确定的。不确定之处在于，企业将以何种力度来利用这种变化所创造的机会，又能利用到何种程度。

另一个确定之处，也是对企业至关重要的一点，是老年群体的高消费能力，至少在未来 20 年是如此。

　　埃森哲、波士顿咨询公司和麦肯锡（McKinsey）这三家全球最大的战略咨询公司都对这个问题进行了研究，并得出了类似的结论。麦肯锡研究了 2007 年至 2030 年法国消费者支出将如何变化，得出的结论是：55 岁以上的成熟消费者群体将占据主导地位，在到 2030 年的这段时间里，他们将占据所有新增消费的三分之二左右。

　　在法国家庭中，65 岁以上的消费者预计将占到这个时期新增消费的近一半。根据麦肯锡的研究结果，按不同的产品类别，老年群体的支出增加状况如表 2-4 所示。

表 2-4　2007—2030 年不同产品类别按年龄分列的
经质量调整总支出增加量

产品类别	不同年龄居民支出增加量（%）	
	65 岁以上	55 岁以上
家中食品	84	100
公用事业	84	100
燃油	75	100
金融服务	83	95
服装及饰品	65	88
个人护理	67	84
烟酒	58	81
家具	63	81
机动车辆	57	78

这些数据说明了一切，65 岁以上者主导了许多主要产品类别的支出增长。

埃森哲预测了 2009 年至 2030 年美国消费将如何根据消费者年龄而变化，并得出结论：在 2009 年至 2030 年，65 岁及以上的美国人作为消费者的力量将比其他年龄段的人有更大的增长。

埃森哲的预测如图 2-2 所示。预计两个最大年龄组的支出增长最快，65~74 岁年龄段的支出将增长 87%。

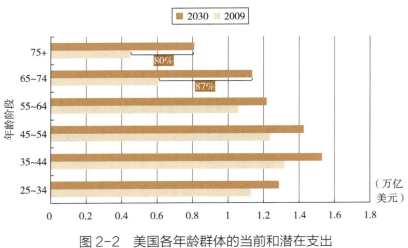

图 2-2　美国各年龄群体的当前和潜在支出

波士顿咨询公司也预测了 2008 年至 2030 年消费者支出的变化，并得出结论称，在德国、日本和美国，55 岁以上年龄段者将贡献超过一半的支出增量。其结果如表 2-5 所示。

表 2-5　2030 年德国、日本和美国的消费支出水平
及其在 2008—2030 年由 55 岁以上群体所带来的增长

国家	2030 年消费支出（万亿美元）		2008—2030 年
	55 岁以上	55 岁以下	归因于 55 岁以上人群的支出增长（%）
德国	0.9	0.8	75
日本	1.1	0.8	66
美国	4.0	6.1	50

　　预测 2030 年的情况极其困难，特别是在当前的经济动荡时期。然而，三家全球领先的战略咨询公司都得出结论称，老年群体将成为未来 20 年消费支出的主要驱动力。

　　这并不意味着所有老年人的生活水平都将提高——远非如此。

　　正如第一章所述，大多数老年人对退休没有做好财务上的准备。老年群体的总消费需求现在很高，将来也会保持在高位，但这种需求是扭曲的，只有少数人能够维持富足的生活方式，而多数人只能勉强生存。

　　这一小群富有的老年人，通常被称为"幸运的一代"，其规模因国家而异。在英国，他们占同龄人群的比例还不到20%。不平等程度的增加不仅局限于老年人，这似乎是一个波及所有年龄层的趋势。而老年人的不同之处在于，他们没有能力实质性地改变自己的财务状况，因为留给他们赚钱并储蓄的时间已经不多。

本章表明，人口老龄化对企业和社会所产生的许多后果存在很大程度的不确定性。老龄化、城市化和全球经济变化的力量如何交织在一起，决策者又会如何应对，这些都是很难甚至无法预测的。

在公司踏上这条不确定的未来之路时，应该以两个确定的核心因素作为路标，一是老年客户非常高的消费能力，二是他们不断变化的身体和心智。

企业是否了解这些变化的复杂性和量级？公司是否能调整战略，以便把握正在涌现的机会？根据我们的经验，这两个问题的答案都是否定的。

2011 年，经济学人智库对欧洲、亚洲和美国的企业高级管理人员进行了调查，以便了解他们对所谓的"银发机遇"的准备情况。

这个研究结果与我们的经验结论略同。只有 13% 的受访对象认为他们在了解老年客户的需求方面卓有成效，而认为他们对老年消费者的营销非常有效的人更少（10%）。

这个结果的奇怪之处在于，65% 的受访者预计，他们来自老年客户的收入比例将在未来 5 年内增加。该研究对象群体中超过三分之一的人认为，人口老龄化给他们带来了巨大的商机，还有 46% 的人认为机会是"中等程度"。

我们认为，这种对寿命延长带来的商机的预期，与自我感知到利用这些机会的能力缺乏之间的不匹配是由两个原因造成的：第一，公司无法理解它们需要具体做些什么来满足老年消费者的需求；第二，它们也没有工具将这些需求转化为实现变化所需的指标。

本书后面的部分将阐述如何满足这两项要求。

本章小结

从个人的角度来看，过去的 50 年见证了经济繁荣和预期寿命的延长。世界上有些地方没有这么幸运，但对大多数人来说，他们的生活质量和寿命都有所提高。但当人口拥有更长的寿命和更少的孩子以后，就给政府带来了巨大的挑战。企业界则处于这两个极端之间，正试图确定人口老龄化对其到底是机遇还是威胁。

城市化和老龄化的共同趋势所造成的经济与社会动荡产生了巨大的经济和社会挑战。即便在经济形势较为温和的时期，政府也难以应对这些变化。全球经济的状况绝对谈不上"温和"。人口老龄化很快将与可持续性概念等量齐观，成为企业界必须理解并制定政策加以适应的全球趋势。

人口老龄化对政府和个人的影响程度完全取决于老年人的经济活动水平。如果老年人经济活动水平低下，本身又离开劳动力市场，转而消耗政府补贴，那么噩梦发生的可能性就会增加。如果老年人口的经济活动寿命延长，他们就会缴纳更多的税款，减少需要国家资助的时间，从而形成提振经济增长的良性循环。

老龄化最确定的结果是消费者的心智、感官和身体产生的变化。消费者都将经历生理衰老，这是百分之百确定的。另一个确定之处，也是对企业至关重要的一点，是老年群体的高消费能力，至少在未来 20 年是如此。在公司踏上这条不确定的未来之路时，应该以这两个确定的核心因素作为路标。

公司对寿命延长带来的商机的预期，与自我感知到利用这些机会的能力缺乏之间存在不匹配。公司无法理解它们需要具体做些什么来满足老年消费者的需求，也没有工具将这些需求转化为实现变化所需的指标。

第三章

生理衰老概述

CHAPTER 3

当营销者开始研究老年消费者时（这种情况并不常见），他们通常试图了解的是年龄如何改变人们的需求、态度和行为。是什么心理影响使婴儿潮一代的当前行为与他们 20 岁时有所不同？为什么他们不像他们的子女那般行事？

决定老年人行为的众多因素是他们的国籍、性别、健康状况、教育和就业状况。这导致对老年人的情绪和行为变化——衰老的心理影响加以孤立分析并基于此构建营销行动的做法变得异常困难。

很难理解的是，明明老龄化的另一个方面更容易把握并且对商业有明确影响，为什么人们却对其心理影响如此孜孜以求。

生理衰老——心智、身体和感官的变化是一个涉及面很广的课题，但除了少数例外，其研究适用于所有类型的老年人，无论他们的背景如何。最重要的是，它是一个可以孤立研究并用于提高企业绩效的因素。

本章概述了可用于老龄友好概念模型的不同类型的生理衰老，使公司了解其对自身业务的影响。

第五章至第七章则在此想法的基础上，对这个主题进行了更详细的探讨。

在整个讨论过程中，作者致力于聚焦衰老的商业影响，而非科学知识。然而，有时在书中也有必要对衰老的科学细节加以解释，以便充分描述其影响。

第一节　不同类型的衰老

从商业的角度来看，最常用于营销行动决策的三种衰老类型如下。

一、实足年龄

这是对衰老的常用定义：一段以月或年为单位的存活时间。

实足年龄易于理解且有普遍共识，这是其最大的优势。不幸的是，营销者经常错误地假设，实足年龄是衡量对象行为的一个上佳指标。一旦他们做出了这种假设，这种衡量就会成为营销行动的驱动因素。

例如，广告媒体的购买总是基于受众的实足年龄。公司对市场的划分也是基于此。

实足年龄也被用来对人群进行代际划分，然后将其行为归因于共同的记忆。为什么两个活了同样时间长度的人会有共

同的信念内核，从而产生相似的行为，这是一个未解之谜，但这个前提假设仍然决定着市场决策的走向。

二、人生阶段年龄

这是实足年龄的一种变体，它基于一个假设，即一个人的一生可以被划分为不同的阶段。对于老年人来说，最常见的阶段是空巢和退休。

这个概念有一个根本的困难。每个阶段都会演变成许多变体。退休对一个人的意义可能和对另一个人的意义迥然不同。即使是那些人生阶段的基准，比如一个人获得养老金之类权益的年龄，也不再是一个固定的日期。许多国家都可能推迟领取养老金的年龄。

在美国和欧洲，孩子到了20多岁就该离家独居的观念正迅速变得不合时宜。年轻人失业率的上升和人们购买第一套住房年龄的提高意味着子女可能会一直和父母同住到30多岁。高离婚率往往意味着老年空巢期缩短，因为离异子女被迫住回父母家。

根据英国国家统计局的数据，从1997年到2011年，20岁至34岁仍与父母同住的人增加了20%。

最后一点，在美国和英国，老年人的离婚率也达到了创纪录的水平。认为老年人的家庭单位是一成不变的，这种生活方式假设不能再被视为理所当然了。

三、心理年龄

有很多关于衰老如何改变我们的价值观和态度的猜测。在一生之中，我们不断积累经验和知识，努力实现我们的希望和抱负，或成或败。所有这些经历势必会影响我们的行为。真正的困难之处在于，如何将这些复杂的情绪转化为可以应用于商业的见解。

由于尚未有任何被广泛接受的心理衰老模型，所以这些见解流于简单化的概括。例如，年龄的增长导致老年人更看重体验而不是实物。另一个例子是，人们认为女性比男性更能应付退休生活。

坊间证据表明，这些评估可能是合理的，然而，目前缺少的是一种方法，使企业能够将这些见解与健康、财富和教育程度等消费者行为的其他决定因素结合起来。

一个人的心理年龄为他们的价值体系提供了一个粗略的指南，但也不会比他们的出生地或父母所属的种族之类的更重要。

这三种类型的衰老在确定老年消费者行为方面的作用各不相同。人们对其预测准确性所给予的置信度也不尽相同。这种差异如图 3-1 所示。

理想的衰老类型应该能为公司提供可靠且有用的见解。本书作者认为，生理衰老具备这两种特性。

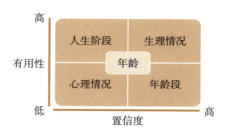

图 3-1　4 种年龄类型的有用性和置信度矩阵

1. 什么是生理衰老

50 年前，老年病学家伯纳德·斯特莱勒（Bernard Strehler）[2]提出了定义正常衰老的标准。这 5 个标准即使在现在，也和最初提出时一样恰当。衰老的状况必定是：

累积的——衰老的影响随时间而增加。

普遍的——它在不同的程度上影响群体中的所有成员。

渐进的——衰老的结果是一系列的渐变所致。

内在的——其影响不受外部条件支配。

有害的——发生的变化损害正常的生物功能。

基于伯纳德·斯特莱勒的理论，我们自己也构建了对生理衰老的定义，即"由与年龄相关的心智、身体和感官的变化所引起的身体功能的系统性变化"。

个体身体衰老发生的时间和强度可能受到其基因组成、生活方式、种族出身和性别的影响。一些古稀老人还能跑马拉松，看书不必戴眼镜，爬起山也是健步如飞。而另一些与其同龄者却身体孱弱，行动不便，还会罹患痴呆。

大多数公司的客户都是各种类型老年人的混合体，他们的身体衰老程度各不相同。很少有公司能幸运到只需与视力和听力俱佳的老年人打交道。因此，公司需要基于客户生理衰老的中间状态及其后果制定规划。

将身体衰老的结果与两种似乎会导致相似结果的情况区分开来很重要。

2. 与年龄相关的疾病

生理衰老在不同程度上影响着每个人。相比之下，与年龄相关的疾病更可能随着年龄增长而发生，但只影响同一个年龄群体的部分人，就像腺热（传染性单核细胞增多症）主要侵袭年轻人，但大多数年轻人从未患此病一样。腺热不是专属年轻人的疾病，关节炎也不是只有老年人会得。

然而，当一种与年龄相关的疾病非常普遍，以至于影响到相当一部分老年人口，并导致消费者与企业的互动出现问题时，就必须将其纳入考虑。例如，在 65 岁以上老年人中，三分之一有白内障引起的视力问题。

3. 失能

在极端情况下，生理衰老往往伴有与年龄相关的疾病，并导致患者丧失一种重要的身体功能，例如视力、听力或行动能力。有严重行动障碍的老年人与因为事故而无法行走的年轻人具有相同的残疾状况。公司对残疾人的责任通常由国家的无障碍法规规定。大多数老年人的身体状况尚未达到这种极端水

平，因此不在这些规定的范围内。

年岁渐长并遭受生理衰老不是一个可选项，而是我们的宿命。已有一套公认的知识体系，可以对身体衰老的原因、发生时间及其影响加以解释。

在建立一个概念模型，以便诠释企业如何应对客户的身体变化之前，有必要先对如此繁多的生物性变化进行了解和归类。

第二节 身体衰老的类型

要了解生理衰老及其与商业的相关性，我们需要将其划分为不同类别。一个医生可能会列出一大堆身体随年龄增长而发生变化的方式，但本书作者认为，对商业有影响的身体衰老只有 24 种。图 3-2 所示为部分受影响的身体功能和身体部位。

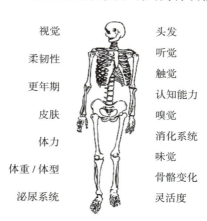

图 3-2 部分受影响的身体功能和身体部位

生理衰老的要素可分为三类：

感官——这描述了我们感官能力的变化，这些变化影响了众多客户触点（例如阅读包装、使用产品以及与销售人员交谈）。

认知——这与我们回应和处理信息的方式所发生的变化相关（例如使用网站和理解宣传材料）。

身体——这描述了在衰老过程中发生的其余生理变化（例如打开包装的能力以及影响我们外观和移动方式的骨骼变化）。

我们将在第五～第七章中对这三组衰老效应分别详细讨论。以下是对每种衰老效应的简要定义。

一、感官衰老

1. 视觉

衰老会通过多种方式影响我们眼睛的舒适度。就商业角度而言，最重要的两个问题是：聚焦近距离物体的能力下降，以及看物体时需要增加照明水平。

2. 听觉

与年龄相关的听力损失影响着过半数的 60 岁以上人口。其症状包括难以听到谈话中音调较高的辅音，以及在有背景噪声时难以理解声音。听力损失对客户与公司或其代表进行口头对话时的所有触点都有影响。

3. 触觉

触觉包括感知压力、温度、疼痛和振动的能力。从 50 岁

开始，所有这些能力的敏感程度都会开始下降。其中一些影响不过是令人稍感困扰的小事儿，但失去感觉疼痛的能力可能会导致严重的伤害。触觉丧失对某些领域会成为重要问题，其中产品设计和包装领域首当其冲。

4. 嗅觉

随着年龄的增长，我们识别和分辨气味的能力都会下降。味觉和嗅觉是密切相关的。对食物味道的体验大多数来自它的气味。从 70 岁起，嗅觉开始衰退。这种生理衰老的形式对食品设计有明显的影响。

5. 味觉

随着年岁渐长，味蕾的数量会减少。这种变化从 60 岁左右开始，女性比男性开始得早。通常情况下，咸和甜的味道最先消退，然后是苦和酸。对于吸烟者来说，这种味觉能力的自然变化会被放大。与嗅觉一样，味觉体验的变化对食品设计也有影响。

6. 口腔

口腔老化会导致唾液分泌减少，进而影响说话音质。牙龈开始萎缩，牙釉质变色。衰老可能会导致牙齿脱落的发生率增加，但这是由于老年人对其牙齿的护理减少而引起的次要因素。这些衰老的结果，特别是牙齿的变色，为口腔化妆品和服务创造了一个巨大的市场。

我们将在第五章详细介绍这 6 种衰老效应及其对公司的影响。

二、认知衰老

世界认知衰老专家蒂莫西·索尔特豪斯（Timothy Salthouse）教授在其《认知衰老的重大问题》（*Major Issues in Cognitive Aging*）一书的序言中说道："在书名中使用'重大问题'这个词略显冒昧，因为对于哪些问题才是真正的'重大问题'，人们可能很难达成一致意见。"

而我们在此试图将认知衰老的多重效应归结为单纯两个因素的做法，就更是显得狂悖了。然而，如果营销者想要了解消费者衰老的大脑如何影响他们的业务，就有必要对这个复杂的问题加以简化。

1. 处理复杂信息

老年人似乎更难记住完成任务所需的最近获取的信息。用计算机的例子来做一个类比，年龄的增长似乎会导致短期存储能力的下降。这可能会导致老年人难以遵循复杂的书面指示或使用新的菜单系统。

与此相关的另一个衰老方面是更难保持注意力，不被醒目事件分心。这对数字渠道的设计具有重要意义。

衰老对使用网络时的响应速度和错误水平的影响，显示了复杂性因素造成的影响程度。人们在 55 岁时，使用网络时的犯错率平均增加了 20%，完成一项任务所需的时间平均增加了 35%。到 65 岁时，这两个数字分别达到 50% 和 60%。这

种表现的退步是通过与具有类似计算机技能和经验的年轻群体进行比较得出的。

2. 理解新概念

老年人似乎更难对那些需要他们做出新推论的语言加以理解并采取行动。这可能是短期记忆退化的结果，但不管原因是什么，这表明最好对老年人使用熟悉的术语，并明确说明概念之间的联系。

一个更明显的理解问题便是老年人在理解"青年"文化中使用的语言和视觉参照方面的困难。这可能会导致老年人的恼怒感和被排斥感，或者只是老年人缺乏对信息的理解。

第六章详细讨论了这些效应及其对营销者的影响。

三、生理衰老

1. 手部灵巧性

衰老会从多个方面影响一个人的手部灵巧性。最明显的是握紧物体的能力下降。其他影响还包括手指对外界刺激的反应能力下降，伸手抓握所需时间增加。

扭矩力（打开罐子时的动作）与年龄相关的下降早在40岁时就开始了，而且女性的下降速度比男性要快得多。

就像身体衰老对包括柔韧性和肌肉力量在内的许多影响一样，可以通过锻炼来对抗这些变化。

了解灵巧性问题给老年消费者带来的挑战在产品和包装

设计中尤为重要。

2. 柔韧性

我们将与年龄相关的柔韧性问题分为两类：躯干和四肢。第一种是指由于背部和臀部问题而导致的身体活动受限。而四肢柔韧性指的则是手臂和腿部与年龄相关的问题。在许多情况下，这两种柔韧性状况是相互关联的。随着肌肉变短并失去弹性，它们会导致身体扭曲其身长来加以代偿。这反过来又会造成进一步的关节和肌肉问题，加重旧骨损伤。

在最糟糕的情况下，这种恶性循环会不断持续，这些变化带来的痛苦与日俱增，以至于老年人失去行动能力。

关节炎是一种与年龄相关的疾病，它会影响大多数老年人的灵巧性或柔韧性，或两者皆影响。在澳大利亚进行的一项研究得出结论，该国 55 岁以上者有一半以上患有此类疾病。

体重和运动量决定了由衰老引起的柔韧性问题会达到何种程度。

柔韧性问题可能会影响那些需要消费者以特定方式移动身体和手臂的触点。

3. 肌肉力量

"肌少症"是一个专业名词，指的是随着年龄增长而出现的肌肉质量和力量的渐进性与全身性损失。国际老年学和老年病学协会的会长认为，在未来，肌少症将会像现在的骨质疏松症一样广为人知。欧盟认为有必要建立一个欧洲老年人肌少症

工作组，这个事实似乎印证了上述看法。

肌肉功能的丧失显然会导致无法处理重物的问题，但更重要的是，它会导致身体核心肌肉力量的下降。

这可能导致老年人更容易跌倒和发生意外。

抗阻力运动和良好的饮食可以减少肌少症的影响，但不能阻止其进程。例如，60 岁男性的举重记录比 30 岁男性低30%，女性的降幅达到了 50%。

公司需要了解肌少症带来的限制和风险。然而，它也带来了商机，即提供可以延迟和减少其影响的产品。

雀巢、雅培实验室和达能都在销售或研发含有对抗肌少症成分的产品。

4. 体重

据信，衰老会导致基础代谢率下降。这是一个衡量身体在静息状态下消耗的最低热量的指标。性别、身高和体重也会影响这个速率。

身体对热量的需求减少意味着除非减少食物的摄入量或通过运动消耗更多的热量，否则体重就会增加。这是对体重与衰老相关联的复杂生物过程的简单解释。

还有其他身体变化也会导致与年龄相关的体重增加。例如，男性睾酮水平和绝经后女性雌激素水平的降低均会导致体重增加。

除了这些生理因素外，退休导致的生活方式的改变也可能是促成因素。对一些老年人来说，停止全职工作可能会导致运动大量增加，但对许多人来说，结果却恰恰相反，会导致久坐不动的生活方式和更多的摄食。

不幸的是，许多发达国家正遭受着波及各个年龄段的肥胖水平上升的困扰。许多人步入五六十岁之际，便显现出与年龄相关的体重增加带来的所有症状。

体重的增加影响了许多客户的触点，特别是产品设计和零售渠道。受体型影响的产品从汽车到服装不一而足。

5. 消化

随着年龄的增长，我们的消化系统会失去效率。衰老对胃肠道功能的影响甚微，但它会影响消化系统的其他部分。随着新细胞生长速度的下降，消化过程中用到的重要组织更容易受损。

肌少症的另一个影响是降低胃中肌肉将食物通过消化系统进行运输的能力。这会增加便秘、痔疮和"胃灼热"的发病可能性。

胃还会减少分泌消化过程所必需的酶。这可能导致贫血。

衰老给消化系统带来的后果不会直接影响任何触点，但它确实产生了对各种产品的需求，目的是减少其不利影响。

6. 头发

宝洁公司进行了一项历时 8 年的长期深入研究，以便了解女性头发中的纤维是如何随着年龄的增长而变化的。这可能是针对这个课题进行的最详尽的研究。研究结果表明，衰老会导

致头发的结构、尺寸和颜色发生多种变化。

我们将这些变化简化为两类——头发的颜色和体积变化。在衰老的所有特征中，头发的变化是最明显的，因此给人的印象是它们发生得最早。

决定头发变白的一个因素是一个人的种族。白种人相比亚洲人头发更早变白。基因构成则是另一个影响因素。

对"头发体积"的定义包括两个方面：会改变其外观和发型设计方式的头发质地变化和脱发。这两个方面对男女两性都很重要。

大约四分之一的男性在 30 岁的时候就会出现谢顶迹象。到 60 岁时，大约三分之二的男性有明显的秃顶。

护发产品和头发护理的市场已经很成熟，而且会随着老年人数量的增加而继续增长。

7. 皮肤

皮肤从 25 岁左右开始衰老，但其影响要到二三十年后才会显现出来。与众多衰老因素一样，一个人的基因构成是决定皮肤老化时间和程度的重要因素。

皮肤外观和质地发生变化的主要原因是胶原蛋白的产生减少，胶原蛋白是维系皮肤的主要结构蛋白。

同样重要的是弹性蛋白水平的下降，它在我们成年早期达到峰值，然后就开始下降。顾名思义，这是赋予皮肤弹性的物质。皮肤衰老的另一个生物学原因是死皮细胞被替换的速度减慢。还有一些外部因素也决定了一个人皮肤衰老的程度。暴露在阳光下的时间是其中最显而易见的。其他因素包括吸烟、营养和重复的面部表情。

我们将皮肤老化的影响分为两类——皮肤颜色和弹性的变化。

老化的皮肤会产生细小的皱纹，失去形状并下垂，改变颜色，变得薄而透明。

大量的抗衰老产品和治疗方法的存在，证明了这种生理效应的商业价值。英敏特（Mintel）认为，在 2010 年底，面部护肤品是欧洲五大国家中最大的美容品类之一，市场价值达 62 亿欧元。

8. 更年期

当女性的卵巢停止每四周产生一个卵子时，她就会经历更年期，这会导致雌激素和黄体酮的水平下降。

女性更年期的发生时间、类型和强度各不相同，但其影响可能包括：

潮热——当大脑认为女性的身体过热，并增加皮肤的血液流动时，就会出现潮热。其在头面部或颈部感受最严重，并伴有出汗。

情绪变化——这种症状的原因尚不清楚，可能是生物过程或生活方式改变带来的反应，也可能是两者兼而有之。

更年期还有许多其他效应，会影响女性的睡眠、泌尿功

能和性享受。

可以想见，这孕育了一个巨大的药物市场，包括传统的和替代的，这些药物试图尽量减少更年期对女性生活的影响。关于这些产品的市场总规模没有准确的数据，但据估计有数百亿美元。

9. 营养

正确的营养摄入在生命的每个阶段都很重要，在童年和老年期尤其如此。《营养——衰老与长寿》这份报告详细分析了衰老如何改变人们对营养的需求。和许多生理因素一样，不同的人对营养的需求差异很大。

衰老的结果之一就是放大了这些差异。

老年人所需的蛋白质、脂肪、碳水化合物和水分应该通过均衡的饮食来提供。由于生活方式的转变和运动量的减少而导致的饮食习惯的改变，往往是导致营养问题的原因，对高龄老人尤其如此。

人体对维生素的需求会随着年龄的增长而变化，通常老年人存在维生素 B_6 和 B_{12} 缺乏问题。据认为，有一半的老年人每天摄入的维生素 D 不足推荐量的三分之二。保持健康长寿的愿望和对衰老生理学的更多认识，促成了营养保健品市场的迅速增长。这一类产品的定位介于营养品和医药产品之间，声称能提供健康益处。

由于很难确定哪些产品属于这一类，所以估计其市场规模几乎不可能。有人预测，到 2030 年，全球保健品市场将超过 2400 亿美元。

无论其实际规模有多大，随着老年人数量的增加和他们对营养认识的提升，这个市场都是重要的，而且很可能继续增长。

10. 尿失禁

尿失禁是一种不自主的尿漏。尿失禁有很多种类型，但有两种类型被认为占了 90% 的发生率：

压力性尿失禁——当膀胱受到压力时，由于肌肉变得太弱而无法防止尿漏。这通常发生在患者咳嗽或大笑时。

急迫性尿失禁——发生在患者有迫切的排尿欲望时，导致在到达厕所前漏尿。也有可能同时出现压力性和急迫性两种尿失禁。

英国的研究发现，13% 的女性和 5% 的男性有不同程度的尿失禁。一般来说，尿失禁对女性的影响是男性的两倍，而且随着年龄的增长会更加普遍。

据估计，在美国的 1500 万尿失禁患者中，85% 是女性。

帮助治疗尿失禁的药物、诊断和治疗产品已经有了一个成熟的市场。其规模预计在 2030 年将达到 24 亿美元。在日本，成人纸尿裤的销量现在已经超过了婴儿尿布。

患有尿失禁的消费者数量的增加不仅会推动解决这个问题的产品市场扩张，还会增加零售商需要提供的厕所设施的数量。

11. 性

勃起功能障碍是指男性在性交过程中无法保持阴茎勃起。

这种情况也会随着年龄而增加。在一项针对美国男性的研究中，发现有 2% 的男性在 40 岁之前首次经历勃起功能障碍，而这个数字在 60 岁到 69 岁之间则上升到 40%。

发生这种情况的主要原因是激素睾酮水平的下降。然而，还有许多其他的生理和心理因素也会导致不举。其中部分因素与衰老有关，但并非全部。男性生活方式缺乏活力且体重增加的趋势可能是其促成因素。许多与年龄相关的疾病，例如糖尿病、高血压和前列腺癌，也可能在原因之列。

与治疗勃起功能障碍联系最紧密的产品是伟哥。1996 年，伟哥在美国首次被批准用于这种疾病。2008 年，伟哥在美国实现了 19 亿美元的销售额。针对勃起功能障碍市场也推出了其他产品，例如希力士和立威大。

目前还没有勃起功能障碍药物全球市场的准确数据，但据信其规模超过 50 亿美元。

第七章详细讨论了与身体相关的生理因素及其对商业的重要性。

第三节　如何应用这些知识

前面两节中描述的所有衰老效应都创造了对现有产品的需求，并为新产品带来了机会。

运用我们在第一章讨论的产品分类，这些需求将主要是

"筒仓"产品，即专为老年消费者设计和销售的产品。其中一些产品还将出售给其他年龄段者。例如，想要增加肌肉量的年轻人也会使用增肌补剂，还有眼镜、抗衰老化妆品和护发产品也拥有其他年龄段的消费者。

这些产品的构成要素可能对所有年龄段都别无二致，但营销信息和渠道会有很大的不同。

我们将在下面三章中讨论这些衰老效应所带来的新产品机会的例子。

在此详细描述这些衰老效应的主要原因是使它们能够与客户触点相匹配。

本书的一个中心原则是，除非一家公司确保它能满足消费者的生理需求，否则它就不具备满足消费者心理需求和渴望的基础。这一点如图 3-3 所示。

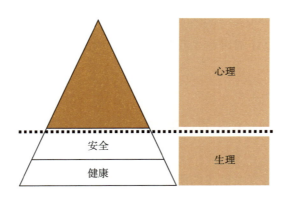

图 3-3　生理需求是满足消费者复杂心理需求的基础

如果客户不能阅读和听到广告，不能使用产品，不能在零售店购物，那么组织针对更高层次需求的营销活动是毫无价值的。

为了使衰老效应与每个客户触点相关联，其被分为两组——主要的和次要的。

这种分类如表 3-1 所示。

表 3-1　主要组和次要组的衰老效应

组别	认知	感官	身体
主要	复杂性	视觉的清晰度	手部灵巧性
	理解能力	视觉的照明需求	身体柔韧性
		听觉的清晰度	神经敏感度
		听觉的音量	肌肉力量
		触觉	体重 / 体型
			泌尿系统
	感官的独立性		
次要		嗅觉	消化系统
		味觉	头发的颜色
		口腔	头发的尺寸
			皮肤的色素沉淀
			皮肤的弹性
			更年期
			营养
			性

分在主要组中的是那些改变消费者体验的一个或多个触点的衰老效应。

市场营销的某些方面，例如广告的语气和风格，并没有明显受到生物性衰老的影响，或者两者之间的联系太微弱，难以衡量。这些营销因素已经包括在对客户触点的讨论中，为了完整起见，一个称为"感官的独立性"的效应也包括在主要组中。

次要效应不涉及任何客户触点。这并不会降低它们的重要性，因为它们可能是新产品的重要机会。

第八章和第九章阐述了如何将衰老的 13 个主要效应与客户历程中的触点结合起来，以便创建一种度量任何产品或服务的老龄友好性的方法。

本章小结

当使用年龄来确定营销行为时，最常用的定义是实足年龄。这是一段以月或年为单位的存活时间。人生阶段年龄是实足年龄的一种变体，它基于一个假设，即一个人的一生可以被划分为不同的阶段。最后，还有心理年龄，即假设一个人的价值观和态度在一生中都会以预先确定的方式发生变化。这三种衡量方式都有其局限性。理想的衰老类型应该能为公司提供可靠且有用的见解。

生理衰老——心智、身体和感官的变化是一个涉及面很广的课题，但除了少数例外，其研究适用于所有类型的老年人，无论他们的背景如何。最重要的是，它是一个可以孤立研究并用于提高企业绩效的因素。

本书作者对生理衰老的定义是：由与年龄相关的心智、身体和感官的变化所引起的身体功能的系统性变化。

生理衰老可分为三类——感官的、认知的和身体的。在这三种类型中，有 24 种与年龄相关的身体变化会对商业产生影响。

除非公司确保自己满足了消费者的生理需求，否则它们就缺乏满足消费者心理需求的基础。如果客户不能阅读和听到广告，不能使用产品，不能在零售店购物，那么组织针对消费者情感需求的营销活动是毫无价值的。

第四章

理解客户触点

CHAPTER 4

英国的一项研究强调了老年人在行动能力和手部灵巧性方面所遭遇的问题，于是英国主要卫星电视提供商天空电视台开发了一种遥控设备，专门用于帮助有视觉和手部灵巧性障碍的老年客户。

该设备因其老龄友好的设计而获得了特别推荐奖，其独特优点有：

更大、更醒目的图形，更容易识别的按钮。

按钮呈浮雕凸起，附带参考触点，方便视障用户识别。

按钮和遥控器主体之间的颜色对比加强。

对于天空电视台的这个无障碍方案，人们当然拍手称快，但这个项目却因为一个重大疏忽而受挫。人们在公司网站上找不到该设备，呼叫中心在被询问时也对该产品一问三不知。

毫无疑问，负责开发该设备的团队非常认真地履行了自己的职责，并取得了巨大的成果，但由于未能对其整个购买周期进行通盘考虑，导致这个改善方案功亏一篑。随着时间的推移，天空电视台纠正了这个问题，现在它已经创建了一个针对此设备的顶级可访问网站。

天空电视台的问题是由一个经典的"筒仓思维"引起的，在这种思维中，一个部门、一个团队或个人的任务是推动一项有利于老年人的方案，但所有面向客户的部门的相关活动并未得到同步。

中国有一句著名的谚语：不积跬步，无以至千里。

这句谚语的含义有助于理解老年人在购买产品和服务时的历程。营销者需要了解整个消费历程，并在消费过程中可能出现的障碍上架起桥梁。

第一节　客户体验研究

在过去的一个世纪里，公司为获得市场主导地位所需要的专业知识类型发生了变化。商业从20世纪上半叶的"制造时代"开始，又历经20世纪下半叶的"分销时代"和"信息时代"。许多商业战略家认为，我们如今正在进入"客户时代"。

福雷斯特研究公司（Forrester）的首席分析师乔什·伯诺夫（Josh Bernoff）认为，成功的公司将以客户为导向。这是一个美好的愿望，尽管说起来容易做起来难，但对于想要虏获老年消费者消费能力的公司来说，就必须做到这一点。

波士顿咨询公司在其《全球老龄化》报告中表示：公司应该重新审视它们的渠道策略，以便确保它们与银发细分市场的需求相容。毫无疑问，波士顿咨询公司及与其类似的咨询和研究公司已经开展了大量基于"客户体验"概念的商业实践。

"客户消费历程"也被称为"购买路径"。不管叫什么名字，其目的都是利用传统的市场研究技术或所谓的"神秘买家"或"神秘购物者"①来对消费者与品牌接触的所有"点"进行研究和优化。

试图优化完整的客户体验是一种超越企业筒仓思维的尝试，也是对消费者与品牌接洽状况进行全面和现实评估的尝试。

从表面上看，这是一个相当简单的概念。公司绘制出消费者的历程图，找出可能阻碍或削弱后者顺利获取、使用和实现品牌体验的障碍。当然，执行起来并不是那么简单，可能会非常复杂昂贵。然而，其结果可以大大提高公司通过销售和营销活动所规划的不同方案的净效果，无论这种效果是有意还是无意的。

公司如此热衷于获得对客户体验的独立看法，以至于根据"神秘购物供应商协会"的数据，2009年，该行业价值10亿美元，仅在美国就雇用了大约150万名独立承包人。

这个行业所聚焦的主要是消费者零售购物体验。然而，其对整个"历程"加以监督的概念在评估雇员与雇主、居民与

---

① 一种调查方式，一般用来搜集有关商店、营业厅的销售或服务人员如何对待顾客方面的数据。神秘购物者通常为接受过相关培训或指导的个人，其假扮购物者向商店、营业厅的营业员提出问题，对任意一种顾客服务过程进行体验与评价，然后通过某种方式详细客观地反馈其消费体验。——译者注

社会设施、患者与医疗提供者、客户与银行服务提供者等之间的互动方式方面也同样有用。

鉴于某些行业的独特需求，客户体验度量业务催生了许多垂直行业专家，他们专门研究酒店、医疗和金融服务行业的客户消费历程。

第二节 衰老的身体、衰老的心智、衰老的感官

尽管这些方法可能有用，但是很少有人考虑到，由于衰老而产生的身体变化会如何影响客户的体验。

我们在第三章讨论了衰老生理学的细节，但若要一个简单直白的例子，不妨想象一下，如果你同时有视力差、听力困难、活动能力和灵巧性下降等问题，那么你的上一次购买体验将会是何等糟糕。

我们生活的世界是为年轻人的身体而优化的。对衰老影响的考量和体谅即使不能说丝毫没有，也只是微不足道。世界上大多数国家中位数年龄的无情增长意味着这种态度必须改变。消费者年龄不可阻挡的增长之势亟须我们创造一个"老年人独特的身体需求以一种自然的、对所有年龄的人都有益的方式得到满足的环境"。而这便是我们对"老龄友好"概念的定义。

关于由麻省理工学院老年实验室开发的年龄增长移情系统（AGNES）已有不少文章。这是一套为了让学生、产品开

发人员、设计师、工程师、营销策划、建筑师、包装工程师和其他人更好地了解与衰老相关的身体挑战而穿上的"套装"。AGNES 经过校准，以便使穿戴者接近一个人在 70 多岁时的运动反应、视力、柔韧性、灵巧性和力量。该设备已被用于模拟老年人在零售、交通、驾车、工作场所和其他环境中的反应方式。毫无疑问，这是一套巧妙的装置，使年轻人能够亲身体会老年人随着年龄的增长所遇到的各种困难。

如果仅仅是孤立地使用，那么 AGNES 的价值有限，因为它只是针对客户消费历程的一个子集，用以衡量衰老的影响。

公司需要的是一整套方法，以便提供对老年消费者与品牌对接的所有触点的老龄友好性的全面理解。这样的评估体系必须将生理衰老问题与人类的生命历程结合起来，并提供可衡量的、准确的和可复制的数据，以便衡量和监测人类对日益衰老的身体、心智和感官的体验。

以此为目标，我们创建了一套方法论和工具集，以便识别那些使消费者的老龄友好体验复杂化或阻碍其进程的障碍。

第三节　老龄友好的客户消费历程

"消费历程"的概念，以及对老龄友好项目列出清单的想法都不算新鲜。将这些想法糅合在一起的最著名的项目也许要数世界卫生组织的"老年友好城市"倡议。这些项目都为各自的特定领域提供了有用的见解。

因为本书是一本市场营销类图书，所以重点自然是老年消费者所经历的消费历程，但同样的概念架构也适用于老年雇员和老年居民。

从全局概览，客户消费历程可以分为五个阶段或"体验"。这些体验可以被进一步分解成更小的历程元素，并最终细分为详细的"触点"。这些触点可能成为高度技术性和细节性的项目。例如，以下是加拿大人权委员会在一份文件中定义的无障碍标识规范。

标志的可视字符宽度应该以字符高度的 55% 为下限，以字符高度的 110% 为上限，宽度以大写字母"O"为基准，高度则以大写字母"I"为基准。

在设计方法时，我们需要在给出客户消费历程的全局（每个触点都有足够的细节）和避免公司在进行收集、分析和采取行动时陷入不切实际的繁琐细节这两点之间取得平衡。

1. 传播

无论是来自朋友的产品推荐、一场数百万美元的全球广告活动还是电影票背面的折扣优惠券，或者足球世界杯决赛的外围标识，某种形式的传播通常会引发人们对某个品牌的兴趣，并开启购买该产品的历程。我们每天都会接触到成千上万条引诱我们消费的信息，不管是付费的还是无偿的、有意的还是无意的。

正如第一章中所讨论的，老年人对这些信息的理解和反应与年轻人不同。老年人的行为并不是千篇一律的，就像青少年或家庭主妇的行为也没有一个普遍模式一样。变化纷呈的行为因素决定了不同类型的老年人对不同类型的传播信息的反应。

尽管衰老的心理过程会产生复杂且难以预测的行为，但是生理衰老的影响却与此恰恰相反。

表4-1从基本层面详细说明了一家公司的品牌传播要克服影响老年人反应的第一个障碍所必须具备的必要条件。也就是说，它们应该是老龄友好的。

表 4-1　公司品牌传播信息表现出老龄友好的基本条件

传播类型	公司传播对老龄友好的基本条件（老年人必须能够）
广告创意 广告媒体 直接邮件 公共关系 销售宣传资料 赞助	阅读并看到 听到 感觉自己获得的信息量足够 理解信息 感知产品提供的好处 发现品牌主张的解读简便快捷 认识到提供的产品与他们有关 很容易了解他们如何回应信息

一旦消费者的兴趣被品牌传播所包含的内容所激发，接下来的历程就涉及消费者进行某种形式的调查，以便了解更多关于产品或服务的信息。

对所有年龄段的人来说，事实调查阶段正日益以网络为起点。

2. 在线

个人计算机在 20 世纪 80 年代成为主流，当时婴儿潮一代的年龄在 16 岁到 34 岁之间。因此，这个群体中的大多数人，特别是那些白领工作者，在他们成年后的大部分时间里都接触过个人计算机以及紧随其后的互联网和技术发展。因此，全球婴儿潮一代的互联网使用率平均约为 70% 也就不足为奇了。如表 4–2 所示，65 岁以后的网络渗透率迅速下降。

表 4–2　英国、美国、加拿大和澳大利亚按年龄组别划分的互联网使用情况

年龄（岁）	使用互联网者比例（%）			
	英国	美国	加拿大	澳大利亚
55~64	75	76	65	71
65~74	56	58	51	37
75 以上	25	30	27	—

资料来源：各国统计局及美国的皮尤研究。

一个人的年龄只是决定他们使用互联网可能性的因素之一。同样重要的是他们的社会经济地位和受教育水平。

如果大多数婴儿潮一代和大量受过更好教育和更富有的 65 岁以上者都会主动上网，那么很明显，营销者在设计在线策略时就应该考虑他们的需求。具备对老龄友好的在线体验似

乎是企业的当务之急。

对提高在线体验的老龄友好性的特质加以简单总结的话，其包含表 4-3 中描述的因素。

表 4-3　公司在线业务对老龄友好的基本条件

在线业务类型	公司在线业务对老龄友好的条件（老年人必须能够）
搜索 网站 /App 应用 帮助	易于对品牌或产品的功能进行搜索 阅读文本 听到任何相关的声音 浏览网站和 App 程序 快速找到最常见的内容类型 感觉自己被广告文字和图像所涵盖 理解语言和行话 找到相关的在线品牌主张 与网站或 App 程序互动 轻松使用网站和 App 程序的商务功能

在完成调查阶段后，消费历程的下一步很可能是通过零售渠道进行购买。

3. 零售

我们用"零售"这个词最广泛的意义来描述消费者去购买或接受服务的场所。这些场所可以是当地的便利店、大型购物中心、银行分行、酒店或游客咨询处。越来越多的零售实体店正在被网上商店所取代。

正如以下这个虚构的故事所说明的那样，健康年轻人在购物过程中认为理所当然的事情，却可能会让年长的消费者感到沮丧、烦恼和疲惫。

一位 70 岁的老太太需要从超市买几样东西。在艰难地停好车，走了很长一段路到达超市入口后，她开始寻找第一件物品。她伸长脖子去看标识，却很难看清货架上的标签，因为标签的颜色对比不佳，附近的灯光太刺眼，而且她发现产品放得太高了，她够不着。她推着沉重的手推车穿过拥挤的过道，走向店员寻求帮助，但由于背景音乐太吵，她听不清店员的回应。由于不明白店员的回复，她只买了购物清单上的几件商品就放弃了。她找到了付款处，但不知道如何使用新的自助终端机。

随着年龄的增长，曾经令人愉快的体验变成了一种让人神经衰弱的挑战。

这个故事中描述的大多数困难都有简单的解决办法。德国柏林的凯撒超市（Kaiser）和英国纽卡斯尔的乐购超市（Tesco）都在试点"老年人友好型"超市，其重点是创造老龄友好型的购物体验：

手推车更轻，也更容易推动。

标签清晰且照明良好。

货架和手推车配有放大镜。

过道特别宽，地板进行了防滑处理。

标识和标签更大，更容易阅读。

有紧急呼叫按钮，以防发生意外。

这些改变可能会带来额外的成本，但凯撒超市报告称，由于对老龄友好的调整，其营业收入提高了 30%，客户满意

度也提高了。

提高实体店零售环境的老龄友好性的特征包括表4-4中列出的因素。

快速消费品领域的营销者可能会争辩说，零售环境超出了他们的控制范围，因此考虑环境的老龄友好性对其品牌或业务的影响是没有太大价值的。但是，由于改善客户体验对供应商和零售商是双赢的，所以营销者可以利用这些信息来鼓励他们的零售合作伙伴提供一个更有利于老年客户满意度的环境。显然，这种影响力的高低与品牌的市场主导地位成正比。想象一下，如果宝洁、联合利华和百事公司合作，鼓励零售商采取对老龄友好的措施，零售商会作何反应。

表4-4　公司实体零售业务对老龄友好的基本条件

零售体验的要素	公司实体零售业务对老龄友好的条件 （老年人必须能够）
可进入性 环境 设施 清洁度 舒适度	以最少的体力进入该场所 谈话不受背景噪声的影响 很容易找到和阅读标识 可以够到和选择最常见的产品 可步行前往并使用便利设施 可坐下来休息 容易获得协助

零售商调整购物体验的动机很充足，因为在可预见的未来，老年购物者仍将是购物者组合中的重要组成部分，来自在线渠道的竞争压力也将持续存在。

例如，在澳大利亚，在线购物约占零售支出的 8%，预计未来 3 年将继续以每年 10%~15% 的速度增长。考虑到年纪较大的购物者在网上购物的意愿不如年轻人，创造适合老年人的购物环境似乎应该是基本的商业常识。

尽管客户消费历程的前几个阶段在影响消费者对品牌的认知方面很重要，但是决定成败的最终因素是品牌交付给客户的最终产品或服务的感知质量。

4. 产品或服务

根据我们的经验，当公司考虑老年消费者时，通常做出的主要的且往往是唯一的调整是产品。希望这一章已经证明，尽管这个消费历程的每个阶段都很重要，但是公司只有确保所有阶段都已经过调整，以便尽量缓解老龄化的不良后果，它们才能取得成功。如果没有支持老龄友好的基础设施，那么拥有老龄友好的产品几乎无利可图。

正如第一章中所讨论的，产品和服务可以被表征为"筒仓"（专门设计和定位以便满足老年人的需求）或"中性"（对所有年龄者出售和使用）。

"筒仓"产品包括与年龄相关的保险或银行产品、营养品、纸尿裤，以及座椅式升降机等辅助设备。

"中性"产品则几乎包括所有其他类型的产品，包括家居用品、白色家电、航空航班、家庭娱乐、运动装、汽车等。

"筒仓"产品和服务的市场正在不断增长，根据其定义应该是老龄友好的，但实际情况却未必如此。不过到目前为止，营销者最大和最直接的机会在于让中性产品变得老龄友好。

毕竟，老年消费者仍然会消费常规产品，进行娱乐，保持健康和仪表整洁，并提高自身知识水平，等等。公司通常认为，为了吸引老年客户，就必须开发专门为老年客户设计的特殊产品和服务。但是，可能没有比建议老年人购买老年人专用产品更能劝退顾客的方式了。

公司应该致力于使其产品的使用体验统一，无论客户的年龄如何。做到这一点的方法，就是在众多通用设计[①]的定义和指南中择一种而用之。表4-5所示为我们用来确定产品或服务是否为老龄友好的简单清单。

表4-5 公司的产品或服务体验对老龄友好的基本条件

产品或服务	公司的产品体验对老龄友好的条件（老年人必须能够）
组装	组装和操作说明易于阅读和理解
设计	使用产品的必要控制可以听见、看见、感受到
用户界面	很容易从包装中取出产品
包装	即使客户遭遇与年龄相关的力量和灵巧性问题，也可组
定价	装和使用产品
保修	了解定价和保修信息

产品应该设计成这样一种方式，使任何人都可以打开包

---

① 一种创造设计理念，主张对于产品的设计和环境的考虑尽最大可能面向所有使用者，使其无须改良或特别设计就能为所有人使用。——译者注

装并直观地开始使用，或者遵循"快速启动"指南中的几个简单步骤即可使用。不管是通用设计还是老龄友好，随你怎么称呼，其原则都是一样的。产品的每一个方面都需要基于一个身体、认知和感官能力都在经历衰退者的视角来看待。当我们评估一个产品的老龄友好性时，我们评估了 30 多个因素。

售后支持是客户消费历程的最后阶段，但它和其他所有阶段一样重要。即使是最出色的品牌也会生产一些不能使顾客满意的产品。这可能是由于错误的制造、不切实际的客户期望或不正确的客户使用。

如果老年人对他们所购买的产品不满意或有疑问，那么解决他们的顾虑，避免其状况恶化的过程是至关重要的。出于这个原因，客户消费历程的销售和支持部分必须和所有其他部分一样行之有效，这意味着它必须对老龄友好。

5. 销售和支持

在整个购买周期中，客户有许多机会联系公司代表寻求销售支持。这种联系既可以是面对面的，也可以通过电话或通过网络渠道。

发表在《实验社会心理学杂志》上的一项研究表明，在判断老年人的情绪时，年轻人可能会犯更多错误。这是零售商在招聘和培训年轻员工为老年顾客服务时应该注意的一点。

大多数人不喜欢在联系呼叫中心解决问题之前必须转接的多层语音响应菜单。

在美国进行的一项研究显示，50 岁及以上者比其他人更讨厌复杂的语音信息系统。尽管这个问题并不与老年客户特别有关，但同样的研究显示，71% 的人在无法通过电话联系到真人时非常恼火。

这些系统不仅令人厌烦，有时语音信息也很难被听清并理解，特别是当说话人有外国口音时。

表 4-6 所示为我们用来确定公司的销售支持服务是否为老龄友好的简单清单。

表 4-6　公司的销售支持服务体验对老龄友好的基本条件

销售和支持	公司的销售支持服务体验对老龄友好的条件 （老年人必须能够）
面对面 电话联系 交付	听明白销售 / 支持人员和呼叫中心的语音指示 理解销售 / 支持人员和呼叫中心的语音指示 有时间解释他们的问题或疑问，而不必感到时间匆忙或紧迫 感觉他们的问题被认真对待了 确信交付人员是值得信任的个人 能够安排准确的交付时间

随着售后支持越来越多地转向在线渠道，售后支持与销售过程中的事实调查阶段之间的分隔正在消失。对于要决定是否购买该产品的消费者来说，公司向所有年龄段的客户进行销售支持的方式是透明的。

在这一章中，我们介绍了能够满足老年人心智、感官和身体需求的客户消费历程的概念，简而言之，就是老龄友好的客户消费历程。这种涵盖所有触点的整体方法不仅在提升客户满意度方面很重要，而且可以识别出购买过程中可能对老年人形成的障碍，当老年人发现这些障碍要么无法逾越，要么不值得付出努力时，他们的购买行为就会半途而废。

尽管本书呈现的概念是出于营销者的考量而在消费者环境中提出的，但是同样的消费历程原则也应该适用于公司或机构和老年人之间的其他互动。具体例子包括与雇员、与居民、与患者等。当然，衰老的 24 种基本生理效应是不变的。

本章小结

消费者年龄不可阻挡的增长之势迫使我们创造一个"老年人独特的身体需求以一种自然的、对所有年龄的人都有益的方式得到满足的环境"。这便是我们对"老龄友好"概念的定义。

公司需要的是一套方法，以便提供对老年消费者与品牌对接的所有触点的老龄友好性的全面了解。这样的评估体系必须将生理衰老问题与人类的生命历程结合起来，并提供可度量的、准确的和可复制的数据，以便衡量和监测人类对日益衰老的身体、心智和感官的体验。

从全局概览，客户消费历程可分为 5 个阶段或"体验"（传播、在线、零售、产品和支持）。这些体验可以被进一步分解成更小的历程元素，并最终细分为详细的"触点"。

　　老龄友好型客户消费历程的概念旨在克服部门责任分散和彼此之间的壁垒隔阂。试图优化完整客户体验是一种超越企业筒仓思维的尝试，也是对消费者与品牌接洽状况进行全面和现实评估的尝试。

　　衡量老龄友好性的方法需要在给出客户消费历程的全局（每个触点都有足够的细节）和避免公司在进行收集、分析和采取行动时陷入不切实际的烦琐细节之间取得平衡。

第五章

衰老的感官

CHAPTER 5

随着年龄的增长，我们的视觉、听觉、触觉、味觉和嗅觉的特征都会发生变化。这些变化无不导致我们对周围世界的感知和反应的敏感性及精确性丧失。

其中一些变化是非常明显的。例如，当我们无法看清食品标签时，或者我们开始抱怨商店服务员说话声太小时便会感受到这种变化。但有时，这种变化是极其不易察觉的，例如，一些食物的味道似乎变淡了，或者打开包装变得有些困难。

与生理衰老的所有方面一样，这种影响可分为以上两类。没有人愿意失去与周围物质世界及其内涵相对接的能力。这意味着，随着老年消费者试图弥补他们感官敏锐度的丧失，将会有新的产品商机涌现。

要成功地与众多客户触点进行接驳，就需要结合多种感官。如果这些触点是针对30岁的人的眼、耳、手和嘴的感官能力而设计的，那么老年人的客户体验将随年龄的增长日益下降。

企业不能忽视感官衰老带来的这两种影响。营销者如果要理解感官衰老的结果，那么对这些变化发生的原因有一个基本的了解还是有所助益的。人们对某些感官（例如视觉的某些方面）衰退的模式和程度已经相当了解。至于其他感官，例如听觉，则呈现明显的性别和种族差异。我们对味觉和嗅觉等感官变化的原因也只有部分了解，正如我们对感官衰退程度和量级的人口学差异方面也知之甚少。

更复杂的是，感官品质的下降往往受到个人生活方式、健康状况和基因组成的影响。

本章系统性地描述了每一种感官随着年龄的增长而变化的原因，人们在何时，又在何种程度上受到影响以及公司可以采取何种应对措施。

第一节　视觉与衰老

衰老会改变眼睛的肌肉、虹膜、视网膜和其他组成部分，从而导致视力下降。这可能会让老年消费者在其客户消费历程的所有环节使用触点时遭遇严重的问题。在所有的生理衰老类型中，视力下降是最为中性的，也是最容易被社会和个人接受的。各个年龄段的人都有视力问题，而戴眼镜是一个"公认的"解决方案。视觉与其他感官的共同之处在于，公司对这种感官在消费者购买和使用产品时的影响缺乏意识。年龄在 60 岁到 70 岁之间的消费者中，有超过一半儿的人即使戴着眼镜或隐形眼镜也难以阅读食品标签，这个事实也证明了这种关注意识的缺乏。

一、科学解释

视力随年龄增长而下降的现象称为老花眼——"老眼昏花"之意。它通常在一个人 40 多岁时开始，由眼睛的晶状体和使其聚焦的肌肉的退行性变化导致。老花眼的第一个明显的影响是近视困难。对这个问题的本能校正手段是把阅读材料拿得离眼睛远一点儿，但老花到了一定的程度就必须戴上老花镜了。

远视通常是一种遗传疾病，但在 40 岁左右症状也会变得更加明显。

除了老花外，衰老还会导致其他影响视力的后果，具体如下。

1. 对环境光线变化的反应能力降低

控制瞳孔大小的肌肉响应性减弱。这降低了当我们从暗处来到明处时眼睛的反应速度。夜间驾驶困难可能是这种情况带来的最明显影响。

2. 需要更多的光线才能视物

衰老影响了许多控制视物清晰度所需光照水平的视觉成分，结果是我们需要更多的光线来阅读。

衡量这种影响的一个例子是，一个 20 多岁者只需要 60 多岁者视物所需环境光的三分之一。

3. 对眩光的敏感度增加

在一个人 50 多岁时，眼球、晶状体和瞳孔内的液体会发生变化，导致其在高水平反射光存在的情况下难以看清物体。除了让夜间驾驶问题雪上加霜外，这还会导致在光线不好的情况下阅读标识和标签的困难。例如，超市里明亮的荧光灯在透明的塑料包装表面引起反射所造成的影响。

4. 周边视力下降

70多岁的人可能会失去20度到30度的视野。这个过程从50岁左右开始。在一段时间内，我们能够在一定的程度上通过移动我们的头部来扩展我们的周边视野，对此加以弥补。一项研究表明了这个问题的重要性，其对一组60~85岁的参与对象进行了研究，发现视野每减少10%，参与者摔倒的可能性就会增加8%。

5. 景深感觉下降

这是眼睛另一种会随着年龄的增长而恶化的功能，其功能下降会导致判断距离的困难，尤其是在光线不足的情况下。对距离和高度的准确判断是大多数日常活动的基本要求。

6. 色彩感知改变

视网膜中产生色彩感知的细胞的敏感度随着年龄的增长而下降。这导致眼睛感受到的色彩间的亮度和对比度降低，尤其是区分深蓝色和棕/黑色，或者区分粉色和黄色/淡绿色变得更加困难。

除这一长串直接由衰老引起的视力障碍之外，还有一些与年龄相关的影响视力的疾病，在某些情况下其影响会十分严

重。其中最重要的如下。

1. 白内障

近 2200 万 40 岁及以上美国人患有白内障。根据梅奥诊所（Mayo Clinic）的数据，65 岁的美国人中约有一半儿患有不同程度的白内障。白内障会使视力浑浊、模糊，并进一步降低在黑暗条件下的视力，从而令与年龄有关的视力问题雪上加霜。

2. 年龄相关性黄斑变性（ARMD）

这是导致老年人失明的主要原因。大约 1% 的 65~75 岁老人以及 12% 的 85 岁以上老人患有足以造成严重视力丧失的重度 ARMD。75 岁以上女性患 ARMD 的人数是同龄男性的两倍。

3. 青光眼

该疾病会导致眼内压力增加。如果不加以治疗，轻则导致视力恶化，重则失明。患最常见青光眼者在 40 岁以上人群中占 1%，在 65 岁以上人群中占 5% 左右。

4. 糖尿病性视网膜病变

在美国和欧洲，肥胖水平的上升导致许多老年人（和年轻人）罹患糖尿病。这种病症的影响之一是损害视网膜和降低视力。大约 40% 被诊断为糖尿病的美国人会受此类状况影响。

与年龄相关的视力状况衰退改变了我们从多个维度感知世界的方式。对颜色的感知、所需的照明水平、对物体的定位、在明暗之间转换所需的时间，等等，所有这些都随着年龄的增长而日趋恶化。

基于这些原因，公司必须了解其触点在老年客户眼中是什么样子。

二、谁会受到影响

2004 年，据估计在欧洲和美国，三分之二的成年人戴眼镜或隐形眼镜，这个数字在 60 多岁者中达到 90%。美国视力委员会证实了这些估计，认定美国成年人中有 64% 戴处方眼镜。

戴眼镜或隐形眼镜可以纠正许多由与年龄相关的视力变化引起的问题，但并不能全部解决。灯塔国际提供的数据对这种持续的视力损害水平进行了衡量。在 45 岁以上的美国人中，有近 17% 的人即使戴着眼镜或隐形眼镜，也无法认出房间对面的朋友，或阅读普通的报纸版面。这种情况按年龄段分布如下：

15% 年龄在 45~64 岁。

17% 年龄在 65~74 岁。

26% 年龄在 75 岁以上。

除了基因外，与年龄相关的视力问题的严重程度和发生时间也受性别及种族因素影响。因为视力障碍有很多种类型，这些变量之间的关系也很复杂。美国国家眼科研究所发布了美国眼科人口统计方面的最准确数据。以下是从这项研究中获得的一些洞见：

在 60 岁之前，近视和白内障对白人的影响比其他种族大，60 岁之后对所有种族的影响都一样，而且在女性中状况更普遍。

远视在白人中最常见，西班牙裔比黑人更容易患病。

青光眼最初在女性中更为常见，但到 65 岁时，男女青光眼的发病率就相当了。在 65~69 岁年龄段中，黑人女性患这种疾病的可能性是白人的 3 倍。

这些性别和种族的差异仅具有学术意义，因为公司需要假设，所有类型的消费者都会随着年龄的增长而逐渐遭受视力恶化的困扰。表 5-1 提供了一个公司的老年客户将面临的视力问题的总结。就像所有的总结一样，有一点仍然需要事先声明——有些人在 80 多岁时仍然能保持近乎完美的视力，而有些人在 30 多岁时就开始视物模糊。在个体层面上，一个人的基因、生活方式乃至运气，都将决定其视力恶化的程度和时间。

表 5-1 年龄与视力状况的大体关系

年龄（岁）	视力状况
40~50	老花（阅读困难）的第一个阶段趋于明显 远视的影响会增加
50~60	老花度数增加 患年龄相关疾病的风险增加（白内障、年龄相关性黄斑变性和青光眼） 发觉需要更多的光线才能阅读
60~70	在低光照条件下视力下降 视力对明暗变化的反应能力变差 老花变得更加令人困扰 夜间驾驶变得更加困难
70 以上	患白内障的可能性高 由于视野变窄和判断三维运动的能力减少而导致的色彩视力下降和感知困难 许多人将不再在晚上开车

三、对触点的影响

视力下降会导致客户在许多触点遭遇问题，包括：

所有营销传播的视觉组成部分。

许多在线体验，特别是涉及网站设计和移动设备使用的。

产品设计、组装和包装。

零售渠道导航。

为了说明视觉的重要性，对以往的客户进行审视和度量，发现多达 18 个与视觉相关的触点。

戴眼镜或隐形眼镜，以及进行激光矫正手术可以帮助解决许多眼部老化问题。同样，手术和药物治疗可以极大地改善白内障、青光眼和糖尿病性视网膜病变患者的视力。尽管这些治疗和辅助手段很有效，但是它们不能缓解所有的问题，特别是那些与提高照明水平需求相关的。

正如前面所解释的，衰老会在许多方面改变眼睛的效能。这些影响可以分为两类——与视力清晰度有关的问题和由照明水平引起的问题。从医学角度来看，这两种情况彼此关联，但这种大致区分在评估触点并提高其有效性时仍有其用处。

1. 清晰度

对于难以看清小而复杂的字体、区分颜色并阅读数字和实体内容的老年消费者，以下是一些可以对他们有所帮助的方法：

在书面材料中，避免使用无衬线字体，确保所有文本大

小至少达到 12 磅，如果可能的话不小于 14 磅。尽可能避免使用斜体字，因为斜体字很难阅读。

确保印刷和数码内容有足够的色彩对比。万维网联盟（W3C）为网站的色彩对比水平提供了详细的建议。类似的规则也适用于移动设备和平板设备。

在印刷材料和包装上使用高对比度的颜色，避免相同的颜色色调。例如，应该避免在浅绿色的背景上使用深绿色。

要注意，老年人会发现自己日益难以区分某些颜色，因此要避免使用已知会造成区分困难的颜色组合。例如，避免红绿色组合、蓝黄色组合。蓝色可以呈现出绿色的色调，而深蓝通常呈现为黑色。

通过限制行长、行与行之间留出足够的空间、避免大量使用颠倒文本和避免过度使用大写字母来提高印刷文本的可读性。

只要拥有对众多与视觉相关的触点的表现加以量化和度量的能力，就可以准确地评估这些触点的老龄友好性。有许多智能手机的 App 应用程序可以精确度量亮度、颜色对比、字号大小和行间距，就看公司是否有相应意图来利用它们度量自身产品是否符合标准。

2. 照明

对于在低光照和快速变化的光线条件下视力困难的老年消费者，以下是一些可以帮助他们缓解状况的方法。这未必意味着要统一采用明亮的荧光灯。例如，在餐厅使用近距离和精确定位的灯光可以使顾客在低光照条件下阅读菜单。以下是公司应该采取的一些措施：

确保照明达到对应行业权威机构推荐的水平。有针对各个类型的环境定义的照明标准，包括家庭、工作场所、公共场所和零售店。例如，我们知道超市收银台的照明水平应该是自助餐厅的 2.5 倍。

老年人使用环境的照明水平应该比年轻人使用环境的照明水平至少提高 50%。

你预计老年人需要执行复杂任务，比如填写表格的场所，需要的光线至少是其他地方的 3 倍。

尽可能使用不反光的表面来减少眩光。利用日光帮助老年人辨别颜色是一件好事儿，但如果它导致窗户的眩光，就会适得其反。

使用高对比度的颜色或不同级别的照明来突出潜在的危险物体，例如楼梯边缘和门口。

避免在走廊和电梯等空间内大幅改变照明水平。在晚上，应该使用过渡照明，以便减少黑暗和明亮区域之间的跳转。

尽可能让客户自己能够控制照明水平，例如，在酒店的卧室，应该在床边和阅读区使用可变的照明控制。

3. 商机

着眼于缓解视力问题所带来困难的产品和服务市场很大，

而且已经相当成熟。据估计，美国人每年在眼镜类产品上的花费超过 150 亿美元，支撑着一个价值超过 300 亿美元的美国眼镜产业。

眼镜、隐形眼镜和激光矫正治疗适用于所有年龄段的人，但主要对象是老年人。也许因为被视为中性的产品和服务，所以它们不会造成其他延续衰老设备带来的任何不良后果。例如，与承认听力损失和购买助听器相比，佩戴眼镜带来的情感困扰要小得多。

眼镜行业进行了一些非常聪明的营销宣传，改变了人们对眼镜的观感，将其从一种为矫正身体问题而购买的实用工具变成了一种时尚潮流。

人口老龄化将进一步刺激这个已经很庞大的市场。除了对现有产品和服务的改进外，技术的发展也可以创造出全新的产品类别。比如以下技术。

（1）提高老花镜功能的技术

液晶技术的运用带来了比现有静态产品适应性强得多的镜头。安普沃尔（Empower）是第一家发明这种电子对焦技术的公司。

（2）让夜间驾驶变得更容易的技术

通过将微型摄像头、图像处理软件和超薄显示屏结合起来，可以打造出智能汽车驾驶后视镜，以便提高夜间驾驶的品质。

奥迪已经为它的赛车生产了数字后视镜，正如许多肇始于赛车和豪华车的产品研发一样，它们很快就会成为低价车的标准配置。

另一家汽车制造商雷克萨斯则为其一款豪华轿车提供了额外的选择，即夜视系统和平视显示器，以便改善驾驶体验。这个功能的吸引力应该很高，因为豪华汽车的私人买家中老年人总是多于年轻人。

（3）新型照明技术

LED 灯比传统照明技术更廉价、更持久、适应性更强。这项技术为新型照明产品创造了潜力，使客户能够根据个人需求定制照明级别。

同样的技术可以为零售和酒店等不同行业带来新的照明设备，为老年人在可见度较差的区域提供不显眼的光源。

（4）改进的计算机界面的技术

微软公司、苹果公司和谷歌公司都在其软件中提供了周到的功能，以帮助弥补不同类型的视力问题。例如，苹果公司允许用户加大文本和图像的尺寸，以便增强屏幕的对比度，并在背景色中以白色显示文本。

这些功能通常被归类为"可访问性"或"通用访问性"。这个功能似乎是为了帮助残疾人，但与"正常人"并不相关，也不会被他们使用。界面设计者需要重新审视这个假设。

（5）对其他产品类型有影响的技术

大多数新技术产品的早期成功通常是在年轻人那里获得的。平板电脑和电子阅读器的销售情况也顺应了这个趋势，但老年人对它的接受速度要快于其他新技术产品。

这些产品受到老年人青睐的部分原因是它们合适的外形尺寸和易用性。其他原因则是包括对图像大小、亮度、对比度和颜色的传感控制方式，甚至是声音翻译，都内置于产品主界面中。当消费者可以选择那些有助于减轻衰老影响的产品时，他们就会做出选择。

第二节　听觉与衰老

大约一半儿的 60 岁以上老年人会有不同程度的听力损失，但只有少数人使用助听器。因此，许多老年人在与依赖声音却未能根据他们的需求加以调整的客户触点进行接洽时会遇到困难。

针对听力损失的诸多触点调整都比较简单和廉价。最大的障碍是公司要认识到其客户所面临的困难。

与年龄相关的听力损失创造了许多新的商机，但迄今为止，这些机会却鲜有公司问津。在讨论此种情况带来的众多商业影响之前，有必要先了解一下随着我们年龄的增长，我们的听力出现下降的根本原因。

一、科学解释

"老年性耳聋"是一种描述与年龄相关的听力损失的医学名称，其是由内耳听觉部分的毛细胞神经末梢退化引起的。它是排在高血压和关节退化之后，老年人第三大常见的健康问题。

暴露在嘈杂的工作环境或非常吵闹的音乐中对老年性耳聋的发生有显著影响，但性别、种族和基因构成是该疾病发病及严重程度的主要决定因素。

老年性耳聋通过两种方式降低听力。首先是可听度的丧失，这意味着声音需要更大才能被患者听到。其次是理解声音的清晰度，因为耳朵变得不那么敏感，特别是对更高频率的声音。这就造成了患者难以理解语言的问题。

消费者能够清楚地听到声音，是许多触点产生效果的重要条件。优化这些触点的出发点，可以使公司对听觉的运作过程以及如何度量声音有一个基本的了解。

声音产生能量运动，耳朵探测到这种运动并将其转化为电信号，再由大脑解码为信息，我们将其理解为语言、门铃响、汽车启动等。

由于耳朵能够探测到大范围的能量波动，所以对其最方便的度量方法是计算某个声音与接近完全静默时的能量比率。

在这个度量系统中，如果一个声音的强度是我们能听到的最安静情况下声音的 10 倍，那么这个声音的强度就被标记为 10 分贝，一个比最安静时的声音响 100 倍的声音则被度量为 20 分贝，响 1000 倍的声音是 30 分贝，以此类推。

耳语的声音大约是 15 分贝，正常的语音约为 70 分贝，非常大声的语音约为 80 分贝。决定声音性质的另一个因素是与声源的距离。

上面的人声例子均假设听者离说话者一米远。

为了提高声音，特别是语音的度量精度，需要使用反映耳朵对不同频率敏感度变化的单位。录音设备通常装有滤波器，可以改变给定音频的权重，以体现耳朵对音频的感知。这种更有用的声音度量方法叫作分贝（加权声）[dB（A）]。政府法规和行业标准通常用 dB（A）单位表示。

表 5-2 列出了日常活动的 dB（A）水平，以及不同消费环境下可接受的噪声水平。

表 5-2　日常活动的 dB（A）水平，以及不同消费环境下可接受的噪声水平

dB（A）水平	不同噪声源的声音	可接受的噪声水平
20	耳语	—
35	—	酒店大堂
40	—	商店或零售店
45	—	商店或超市
40~50	—	安静的办公室
60	会话	—
80	重型车辆交通噪声	—

听力正常者应该能听到 250~8000 赫兹范围内所有频率的，强度为 0~20 分贝的声音。到 65 岁时，老年性耳聋可能会使人听到较高频率的能力下降到强度 50~60 分贝。这意味着更高的频率需要有更大的强度才能被听到。

与元音相比，辅音的频率更高，发音更柔和，包含更多的语音可懂度。这意味着患有老年性耳聋者在听辅音方面有更大的困难，导致他们在对话中听错或听不到单词。

由这种情况引起的其他困难有：

探测噪声产生的方向。

理解嘈杂环境下的对话。

听见轻声说话者的声音。

如果某个人除了老年性耳聋外，还患有其他常见于老年人的疾病，例如耳鸣，这些问题就会变得更糟。耳鸣是指人们的耳朵里会听到铃声、嗡嗡声或咆哮声，却并非由外部声源引发的情形。

二、谁会受到影响

有些人在 50 多岁时听力就会严重受损，而另一些人即使到了 80 岁也只有可以忽略不计的丧失。如前所述，与年龄相关的听力损失的倾向取决于一个人的性别、种族、基因、暴露于吵闹噪声的程度及其运气。

来自约翰·霍普金斯医学院的研究人员使用了世界卫生组

织听力障碍标准的修订版来测量 70 岁美国人的听力损失水平。

图 5-1 所示为该研究结果。除了显示听力损失的程度，该研究还表明，黑人的听力损失情况比白人轻。对为什么会发生这种情况，我们还不完全清楚，但部分原因可能源自耳朵内部皮肤色素的差异。

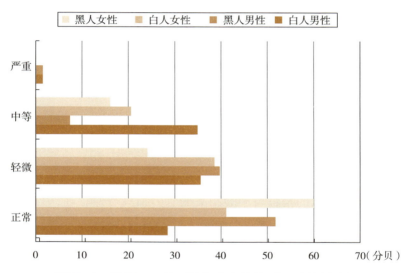

图 5-1 美国 70 岁及以上成人按性别和种族划分的
听力损失严重程度

资源来源：2005—2006 年全国健康和营养调查。

研究还表明，女性比同种族的男性更不容易遭受听力损失。

另一项研究也得出了类似的结论，即听力损失与性别和种族相联系。

约翰·霍普金斯医学院的研究人员还研究了听力受损程

度不同的老年人使用助听器的频率。只有 3% 的轻度听力损失患者使用助听器。对于中度或重度听力损失者，这个数字升到了 40% 以上。

听力辅助设备在英国的使用是免费的，不过使用频率与在美国几乎一样低，而在美国很多患者都要支付费用。这表明，老年人不使用辅助设备的原因并不仅取决于成本。

老年人，尤其是男性，不愿意使用技术援助来帮助缓解这些问题，这对商业有许多影响，这一点将在本章后面加以讨论。

由于"听力损失"的定义多种多样，研究方法也各不相同，因此很难对老年性耳聋的频率和严重程度进行国际比较。例如，一项来自韩国的小样本研究表明，该国男女两性之间的听力差异可能比美国人要小。

无可争议的是，与年龄相关的听力损失普遍存在，且往往得不到治疗，对许多 60 岁以上者来说，这给语言交流造成了相当大的困难。

三、对触点的影响

如果客户有听力障碍，就会影响他们与公司的许多互动，包括：

产品组装和设计的音频部分。

所有营销传播的听觉组成部分。

所有面对面对话和电话对话。

零售购物环境。

客户能够理解销售和支持人员所说的话，这是一个基本要求——没有这一点，再好的客户互动技术也无济于事。

当公司将电话支持业务外包出去时，他们经常会收到来自老客户的投诉，这些客户很难理解接线员在说什么。接线员声音的清晰度不足加上口音问题，使这些客户难以听懂。因此不足为奇的是，越来越多的公司正在改变外包政策，为他们的联络中心配备母语人士。

零售环境必须考虑到那些遭遇听力损失者。对于听力好的人来说，高水平的背景音可能是一种享受，但对于老年性耳聋患者来说，这些音乐可能会让他们在交谈和倾听时倍感困难与压力，在最坏的情况下甚至无法进行谈话。包括英国广播公司在内的广播和电视台有时也播放吵闹的背景音乐，这使一些人很难听到他们的播音。

依赖声音的产品需要确保其音量和清晰度能被世界卫生组织定义的前三级听力受损[1]患者听到。

尽管听力损失在老年人中很普遍，但是公司很少调整他们的触点，以弥补这种影响。老年性耳聋与老花不同，后者的结果是很多人都戴眼镜，而前者的结果却是无形的。正如前面

---

[1] 世界卫生组织的听力损失分级标准共分正常、轻度、中度、重度、极重度五级。——译者注

提到的，只有 3% 遭遇听力问题的老年人使用助听器，而那些使用助听器的人，也会尽可能掩饰助听器使其不引人注意。也许正是这种并不那么显而易见的结果，解释了这个问题被置若罔闻的原因。

只要对其程序和培训稍做改变，公司就可以很容易地改善老年人的客户消费历程。以下是它们可以采取的一些行动：

在设计所有具有可听内容的产品和传播广告时，确保音频针对那些难以听到高频者进行优化。

当产品使用声音作为警告信号时，该声音频率应该低于 2000 赫兹，强度至少为 60 分贝。

听觉信号的声音和音量都应该可以由用户调节。

取消自动应答设备（例如电话支持中心使用的菜单系统）上的语音压缩和加速功能。

在处理语音的产品中添加辅助功能。例如，对录制的声音进行"清理"降噪，为听者提供控制权来减慢说话的速度。

确保在客户需要交谈的区域将背景音减至最低。在非常嘈杂的环境中，使用吸音材料。

培训员工，改善他们与老年人交谈的方式。比如，永远面对交谈对象，用词得当，不要小声说话。这对女性员工尤其重要，因为她们的声音频率比男性高。这样的培训实施起来应该小心谨慎，因为最糟糕的结果可能导致员工开始对年长的顾客大吼大叫。

在适当的情况下，使用辅助技术，例如导听系统，使助听器患者更容易听到。

四、商机

如果老年人能像戴眼镜一样随时准备使用助听器，那么这将彻底改变这个业已快速增长的市场的态势。我们对出现这种情况的可能性持乐观态度，原因有以下几点：

新技术和更好的设计正在改善助听设备的外观。

对听力损失的程度及其影响进行的更多讨论将鼓励人们正视这个问题。

婴儿潮一代采取的不同态度，他们想要（也需要）继续从事工作，这将鼓励他们解决听力问题。另外，他们也觉得戴助听器会给自己贴上"老迈"的标签。

更多更有力的销售渠道，消除了大家对听力测试的神秘感和恐惧感，并让费用大幅降低。

那些成功做到"让消费者觉得戴上助听器也 OK"的品牌可以获得可观的经济奖励。在一个人们一生中大部分时间都戴着耳机、耳塞和手机连接设备的时代，助听器的污名也许用不了多久就会被洗去。

帮助老年人保持听力的需求还创造了其他商机。包括：

使音频设备，特别是电话和智能手机，能与被巧妙地集成到眼镜中的助听设备直接通信。

可以测试客户联系人员声音的可听度质量的产品和服务。

可以应用于零售空间的降噪技术。

低成本的噪声测量设备，可以更容易地知道老年人什么时候会有听力障碍。

第三节　触觉与衰老

我们想当然地认为触觉只与皮肤有关，其实它也控制着我们对内部器官、关节和肌肉的敏感性。

体感系统使我们能够通过皮肤的敏感性、对身体位置和运动的"感觉"、肌肉和关节的刺激以及对温度、疼痛、瘙痒和压力的感知来体验外部环境。

检测、传递和转化这些生理效应的生物系统极其复杂，涉及感觉传导通路、神经系统和认知处理。由于为数众多，且其中有一些我们还不完全清楚的原因，所以这些系统的效率会随着年龄的增长而下降。

一、科学解释

皮肤敏感性随年龄增长而下降的部分原因是皮肤中被称为"触觉小体"的神经末梢的逐渐丧失。这些神经对非常轻的触摸做出反应。在 12 岁到 50 岁之间，这些小体的数量减少了四分之一，这是皮肤失去敏感性的一个重要原因。不过在一些老年人，通常是 70 岁以上者身上，皮肤的敏感性会随着手部皮肤变薄而增加。

皮肤上还有另一种神经末梢，叫作"环层小体"，它负责对振动和压力的敏感度。这些小体的数量似乎也随着年龄的增长而减少。

表 5-3 所示为年龄对手部各部位敏感度降低的影响。该分数表示的是年轻人（20~30 岁）和老年人（60~80 岁）的敏感度比率。该比率越大，老年人的敏感度就下降得越厉害。

表 5-3　年轻人（20~30 岁）和老年人（60~80 岁）
对手部各部位的敏感度比率

手部位	老年人 / 年轻人
手掌	1.2
拇指垫	1.7
小指垫	3
食指垫	1.2

衰老会影响手部所有部位的敏感度，小指尤甚。

随着手指的敏感度下降，它们对振动、触觉反馈和压力的感知会降低。一篇有关衰老影响的重要学术论文估计，在 20 岁至 80 岁之间，触觉敏感度以每年 1% 的速度下降。

皮肤敏感性变化最明显的部位是脚部，这是老年人摔倒发生率较高的一个因素。手部敏感度的丧失则会导致掉落物体的概率增加。

就像所有感官的其他变化一样，敏感度的下降程度会受到对象生活方式的影响，尤其是一个人的饮食及其吸烟与否。

二、对触点的影响

体感系统会对以下所有触点造成影响，这类触点的成功运行依赖于身体对振动、压力或温度阈值的敏感性。如果这些阈值水平是以年轻人为对象设计和测试的，那么对老年人来说，它们可能根本不起作用，或者可能表现糟糕。

受影响最大的是那些涉及产品设计、组装和包装的触点。公司忽视触摸灵敏度变化的例子不胜枚举——主要是在电子产品和快速消费品行业。

产品和包装设计师需要特别注意以下几点：

由于老年人对温度失去敏感性，所以热水水龙头需要限制其出水的温度，例如，酒店的热水设施和零售商店的厕所。

控制产品的触觉反馈按钮需要设置在老年人可以触摸操控的水平。

电子产品上按钮的大小、间距和外形必须考虑到所有年龄段的触觉敏锐度。

当产品的触感是其吸引力的一部分时，这便是一个较年长的消费者不太会赏识的卖点，例如电子设备的外壳、服装和装饰品。

如果打开一个包装需要兼具触觉、手部灵巧性和力量，

那么老年人在打开包装时会遇到问题。

通常情况下，这种"安全"包装是故意设计的，需要一系列的扭转、压力和横向动作。

如果产品的光滑表面是其实施控制所需的部分，那么老年人也会遭遇问题。最明显的例子是平板电脑、智能手机和触控板。触摸控制的灵敏度应该设置在适合所有年龄的水平。

iPhone 和 iPad 的成功导致了触摸屏设备的大行其道。目前控制触摸屏与软件交互的机制非常简单。下一代触摸屏将更加复杂，通过软件应用程序可以改变屏幕的质感。这项创新将使设备更容易根据不同水平的触觉敏感度来加以设计。

第四节　嗅觉和味觉

衰老对嗅觉和味觉的影响并不直接影响任何触点。然而，它们确实创造了新的产品机会。因此，了解这些感官变化发生的原因及其影响也是很有用的。同样，我们有必要了解为什么牙齿、牙龈和唾液产生过程的老化也会带来新的商机。

味觉和嗅觉的变化与视觉和听觉的变化不同，是隐晦而不引人注目的。大多数人都没有意识到，可能也并不关心这些感官品质的下降。然而，当老人被要求评论"今天的食物"的味道如何时，他们总是回答说它寡淡无味，闻起来也和他们童年时感觉不一样。

对美食的享受来自味觉和嗅觉的结合。得了感冒或花粉病时，嗅觉也会受到影响，使食物变得无味儿或扭曲其口感。

尽管这两种感官是紧密相连的，但如果将它们分开讨论，就更容易对其运作原理和相关商机进行考量。在某些情况下，新的产品机会将完全依赖于嗅觉或味觉其中之一，而不是两者的结合。

对许多人来说，年龄的增长导致他们因为饮食原因而改变饮食习惯。来自医生和媒体的叮嘱是，要减少高糖、高盐和饱和脂肪食物的消费，转而增加鱼油、纤维、新鲜蔬菜和水果的摄入。食品设计师面临的挑战是创造出既能满足这些健康要求，又能让老年人觉得色香味儿俱全、富有吸引力的产品。让这难上加难的是，老年人可能会服用多种药物，这也会影响他们的嗅觉和味觉。

一、嗅觉

关于嗅觉的敏锐度和记忆为何会随着年龄的增长而改变和退化的问题，有很多解释，有些还是相互矛盾的。它们都涉及以下变化：

嗅觉感受器的数量和灵敏度变化，这是一种探测构成气味儿的不同分子的机制。

嗅球是大脑中负责处理受体输出信息的部分，其处理过程也会变化。

神经系统，即连接嗅觉功能不同组成部分的通道发生的变化。

除了生理衰老直接导致的变化外，还有一些变化是由于长期暴露于疾病、吸烟、不良饮食和环境污染造成的。

关于年龄对嗅觉影响的最大规模调查是 1986 年《国家地理》（*National Geographic*）进行的嗅觉调查。该杂志有超过 100 万名读者响应要求，填写了一份关于他们对嗅觉评估程度的问卷。

调查的主要结论是："一般来说，人们对气味儿的感知会随着年龄的增长而下降。然而，无论是在调查对象、气味儿源还是反应方法上，这种下降都不是千篇一律的。嗅觉功能与年龄相关变化的特点似乎就是其'异质性'。"

调查显示，男性分辨不同强度的气味儿的能力平均下降了约 20%。然而，这是在 20~100 岁的年龄范围内。超过 70 岁后，嗅觉的退化会加剧。对各种类型的气味儿来说，嗅觉衰退的强度和速度均不相同。

最新的研究测量了年轻人和老年人分辨不同类型气味儿的能力，两者差异在 2 到 15 倍之间。记忆气味儿的能力似乎也会随着年龄的增长而下降。其他研究报告表明，超过 75% 的 80 岁以上者已经失去了相当一部分嗅觉功能。

对大多数人来说，嗅觉的丧失只是令人略有困扰，但在极端情况下，比如无法识别有毒气体和腐烂食物时，其影响可能引发不适乃至造成生命危险。

二、味觉

"味觉障碍"是一个听起来很夸张的术语，指的是味觉阈值的增加和辨别咸、甜、酸和苦味儿物质强度时遇到的困难。

味觉减退的原因尚不完全清楚，但它是由以下几种因素综合造成的：

味蕾数量的减少。

味蕾密度的降低。

味蕾敏感度的降低。

神经处理和检索机制的效率降低。

作为味蕾状况变化的一个衡量指标，在30岁到70岁之间，味蕾的总体密度会减少三分之一。然而，这并不一定意味着味觉的敏感度以相同的速度下降。

与所有感官面临的情况一样，生活方式、医疗状况和基因都会影响味觉丧失的时间和程度。

当味觉丧失时，通常先失去的是对咸味儿和甜味儿的感受，苦味儿和酸味儿存留的时间稍长。已经有许多研究量化了对不同食物类型和食品添加剂的味觉敏感性丧失的程度及速率。其中一项研究测量了19~33岁和60~75岁人群对一系列物质觉察阈值的差异。结果表明，老年人对醋酸、蔗糖、柠檬酸、氯化钠、氯化钾和食品添加剂肌苷酸二钠（IMP）的敏感性低于年轻人。

年轻人能够在较低浓度尝出不同物质。例如，老年人需要比年轻人高出 1.3 倍的浓度才能尝出阿斯巴甜，这是一种人工代糖。而尝出肌苷酸二钠则需要 5.7 倍以上的浓度。

食品设计是一门复杂而专业的学科，也是公司投入巨额资金的一项活动。本书这一小节的目的并不是要让读者成为食品设计师，而是要强调老年人对气味儿和味道的感知方式随着年龄的增长而发生的巨大变化。

口腔中与年龄相关的变化不仅影响味觉。衰老会改变牙齿、面部肌肉、唾液的产生、牙龈的状况和舌头的运动。这些都影响着我们的：

外表。

谈话。

进食。

一个常见的假设是，牙齿脱落是衰老带来的生理效应。这并不正确。不过衰老增加了患口腔疾病的可能性和牙齿的累积"磨损"。在高龄老人中，这些问题因其难以接受牙科服务并且由于身体条件造成疏于照顾牙齿而变得更加复杂。

与年龄一样，一个人的受教育程度、社会阶层、种族和民族，都是预测其牙齿状况的上佳指标。这些社会变量的次要影响是一个人吸烟的可能性，这是一个极大影响口腔健康的因素。

牙齿随着年龄的增长而发生变化，最明显的状况之一就是外观变黑。这是因为牙齿中牙本质的成分和类型发生了变化。穿过牙齿的光透射也受到牙釉质变化的影响。

受年龄影响的其他口腔功能包括：

牙龈的状况和质量。

唾液的分泌量和成分。

舌头的力度和功能。

吞咽能力。

许多此类身体上的变化是无法察觉的，对健康影响甚微。当这些情况较为严重并因其他医疗状况而被忽视时，就可以带来产品机会。

三、商机

到目前为止，最重要的商机是调整现有的食物成分，创造出考虑到消费者感官变化的新食物类型。

这既可以作为一项独立的活动，也可以作为对食物进行重新设计的整体计划的一部分，目的是适应不断变化的饮食需求，特别是低盐和低糖的需求，以及利用食品添加剂提供医疗收益。例如，增加肌肉量的食品成分可以与降低胆固醇和帮助解决消化问题的添加剂相结合。

如果食品的成分没有改变，那么设计师就需要更加突显食品的外观，因为这个因素将在消费者的决策中变得更加重要。

美容牙科和美容外科是其他应该从口腔老化中受益的业

务领域。本已十分活跃的牙齿美白产品和服务市场似乎将更加蒸蒸日上。

大多数老年消费者都未察觉到自己口腔内发生的变化、对其后果和可能的治疗方法也缺乏了解。随着这方面意识的提高，很可能会产生对以下产品的新需求：

保持口腔卫生。

补充唾液分泌。

协助咀嚼和吞咽。

这些产品既可以是独立的，也可以是其他食品的组成部分。

现在已有一些声称可以防止热敏感的牙膏成分，还可以再加入一些减轻其他衰老效应的成分。

电动牙刷是口腔卫生的一个重大改变，但也有其他产品的设计几十年来一直保持不变。例如，用牙线清洁牙齿的产品对灵巧度和灵活性有相当大的要求。如果能使各种类型的口腔卫生护理过程对老年人更容易，其中就可能包含产品机会。

第五节　感官衰老的商业影响

医学上对衰老导致感官品质变化和下降的原因也只有部分了解。然而毫无疑问，这些变化对老年人感知和维系周围环境的方式产生了影响。

消费者一生中视觉、听觉、触觉、味觉和嗅觉的变化对他们对产品的需求和评价有着深远的影响。最基本的是,为 30 岁的人优化的产品和服务可能不适用于 70 岁的人。即使这些产品仍能将就使用,其使用品质可能也会大大降低。

感官衰老带来的商机因为行业类型而异。正如本章所展示的,食品和某些类别家庭用品的制造商最好考虑对他们的产品进行调整。对于金融服务等其他行业来说,情况则不会发生太大变化,因为客户感官与产品的体验或质量没有整体关联。

对于那些已经为感官衰老(例如视力、听力和牙科产品)市场提供服务的公司来说,人口老龄化应该会为其业务带来可观的内生增长。

无论公司销售的产品类型是什么,感官衰老都会影响到公司与其客户之间的许多互动方式。表 5-4 中的矩阵展示了市场营销和运营活动的感官跨度,其成功依赖于客户感官的有效工作。

表 5-4　成功与否依赖于客户感官有效工作的营销和运营活动

营销	广告创意	视觉	听觉	触觉	味觉和嗅觉
传播	直接邮件				
	销售抵押品				
	网站				
	移动端				
	App				

续表

营销	广告创意	视觉	听觉	触觉	味觉和嗅觉
产品	组装				
	设计				
	包装				
零售	标识				
	布景				
销售	线下				
	线上				
服务	线下				
	线上				

所有类型的营销传播，无论是实体的还是数字的，都始于一个基本假设，即潜在客户可以看到、听到和触摸到相应信息或主张。只有做到了这一点，传播信息的高妙之处才有施展对象。

公司内部的多个业务职能部门都必须调整自己的做法，以便确保感官衰老不会减损客户体验。这些部门包括：

营销传播。

数字设计。

产品设计。

包装设计。

零售渠道运营。

客户联络人员的培训。

确保公司适应感官衰老带来的挑战的第一步是，确保所有受影响的业务部门都明白为什么有必要做出改变。每个触点的变化程度可能都很小。而这众多微小变化积少成多，就可以让老年客户获得更好的购买体验。

本章小结

随着年龄的增长，我们的视觉、听觉、触觉、味觉和嗅觉的特征都会发生变化。这些变化无不导致我们对周围世界的感知和反应的敏感性及精确性丧失。本章系统地描述了每一种感官随着年龄的增长而变化的原因，人们会在何时，又在何种程度上受到影响以及公司可以采取何种应对措施。

所有类型的营销传播，无论是实体的还是数字的，都始于一个基本假设，即潜在客户可以看到、听到和触摸到相应信息或主张。只有做到了这一点，传播信息的高妙之处才有施展对象。

要成功地与众多客户触点进行接驳，就需要结合多种感官。如果这些触点是针对 30 岁人的眼、耳、手和嘴的感官能力而设计的，那么老年人的客户体验将随年龄日益下降。医学上对衰老导致感官品质变化和下降的原因也只有部分了解。更复杂的是，感官品质的下降往往受到个人生活方式、健康状况和基因组成的影响。

大约一半儿的 60 岁以上老年消费者会有不同程度的听力损失，一半儿的 60 岁到 70 岁的消费者在阅读食品标签方面有困难，即使他们戴着眼镜或隐形眼镜。大多数老年消费者会遭受一种或多种感官衰老的折磨。

消费者一生中视觉、听觉、触觉、味觉和嗅觉的变化对他们对产品的需求和评价有着深远的影响。最基本的是，为 30 岁的人优化的产品和服务可能不适用于 70 岁的人。即使这些产品仍能将就使用，其使用品质可能也会大大降低。

第六章

衰老的心智

CHAPTER 6

　　认知衰老会影响我们的记忆、注意力、推理、洞察力、感知和认知的特征。它还涉及感官衰老的过程以及我们一生中行为和价值观的变化。

　　与身体和感官的衰老不同，心智的变化在很大的程度上是隐而不见的。与需要戴眼镜、关节炎导致的持续疼痛或听力障碍相比，难以记住他人名字和面孔只能算是一个小小的困扰。

　　大多数消费者和营销者没有意识到的是，消费者不断变化的心智状况是一种无处不在的力量，会对其生活的大多数方面造成影响，并因此涉及众多客户触点。

　　与所有其他生理影响不同，认知衰老的一些结果是积极的，可以带来智力表现的改善。不幸的是，其消极结果远超积极结果。

　　对认知衰老的原因和结果所展开的研究和相应观点很多，但这些研究大多数基于小样本量，我们还应该考虑其他因素例如教育和社会背景的影响。

　　世界认知衰老专家之一蒂莫西·索尔特豪斯教授说过："尽管关于认知衰老的各种观点并不少见，但是有时似乎只有较少的主张是基于成熟的经验证据……关于认知衰老的断言可能受到作者先入之见和态度的影响，也可能受到实证研究的系统评估的影响。"

尽管存在这样的困难，但是我们已经进行了足够多的基础研究，来确定和量化导致认知衰老的主要因素。即使仍然不能确定这些变化发生的原因，也可以预测它们对商业可能产生的影响。

第一节 "正常的"认知衰老

在这一节的标题中强调"正常"的原因是为了明晰"对任何人都会造成影响的终生认知变化范畴"和"痴呆症"这两者之间的区别。后者是描述某类精神疾病的术语，其中最为凶名远播的便是阿尔茨海默病。这些疾病的症状，在其发展的最初阶段，可能会表现出类似于与年龄相关的认知衰退。

"正常的"认知衰老这个说法有点儿误导人，因为关于心智能力随年龄衰退的速度和程度，并没有某种标准概括。正如年轻人的认知能力因人而异一样，随着年龄的增长，这些能力的变化也表现出很大差异。一个90岁的老人可能几乎没有丧失智力，但另一个人在60岁时记忆力和推理能力就可能明显下降。

一、科学解释

为英国政府实施的一份咨询报告得出结论：平均而言，人们在记忆力、推理能力、信息处理速度和执行能力等方面的衰退，与身体功能随年龄增长而发生的变化类似。

这些变化可以观察到，但尚无法完全解释。

高血压和糖尿病似乎会影响认知衰退的速度，某些遗传疾病也是如此。越来越多的科学证据表明，一个人在生命早期和中期的生活方式是这方面的一个决定性因素。

传统的观点认为，大脑衰老是由于神经元及其突触的丧失，前者是大脑中的神经细胞，后者则是神经元之间的交流点。

当前观点则给出了另一种解释，即神经元的数量保持稳定，但突触联系的适应和重组能力的降低导致了退化。

无论这种退化所涉及的生理过程是什么，其结果都是我们记忆的某些方面以及信息处理的速度和方式会随着年龄的增长而改变。使用诸如记忆、处理和信息这样的术语时，人们很自然地将大脑视为某种生物计算机。这个概念模型可谓有利有弊，有利的一面是它提供了一种共同语言来讨论大脑功能的要素，但其弊端是如果类比过度，就会导致一般化和错误假设。例如，"重启大脑"和"带宽过载"这样的表述既无帮助也不准确。

利用计算机概念模型，我们可以说随着年龄的增长，大脑出现了以下变化：

在"工作记忆"（短期记忆）中保留新获取信息的效率下降。

处理信息和同时执行多个任务的速度下降。

"前瞻记忆"的效率下降，前瞻记忆是指记起将来必须做的事儿的能力。

操作视觉对象的能力下降。

专注于一项任务而不被分心的能力下降，以及在不同任务间切换注意力的能力下降。

在执行任务时在保持速度和准确性之间有效平衡的能力下降。

但语义记忆的效率，即回忆概念、词汇、语言和事实的能力，仍然保持稳定。

对与年龄相关的认知能力变化进行归类的另一种有用方法是借助心理学研究中使用的"流动智力"和"固定智力"的概念。

流动智力包括进行抽象思考以及在新情况下不依赖先前知识或经验解决问题的认知能力。这种形式的智力需要形成新的联想、推理和解决新型问题的能力，并且会随着年龄的增长而下降。

固定智力则包括从过去的经验和学习中获得的知识。这类智力需要积累词汇和一般信息，随年龄增长保持稳定，可能还会有所增长。

对这些智力类型的研究将在本章后面部分讨论。

对于认知衰老结果的最终解释涉及"抑制衰退"[①]的概念，这对改进客户触点的设计特别有用。

随着年龄的增长，人们在专注于一项任务时，似乎越来越难以避免自己被多余的视觉信息分散注意力。当我写下这些文字时，我使用的是 Microsoft Word 中的焦点视图，因为它能将不必要的图标和其他应用程序的干扰最小化。也许微软之所以实现这个功能就是为了帮助用户减少抑制衰退的影响。不管具体原因为何，至少其结果如此。

2008 年，一篇重要的研究论文发表，将大脑类比计算机运行的模型（处理速度随着年龄的增长而下降）与延续衰退假说联系了起来。研究发现，老年人在处理视觉信息的早期阶段难以抑制无关信息。

抑制视觉干扰的机制通常不会受到衰老的影响，但在处理新视觉图像的最初时刻，它的效力会因为大脑处理速度的下降而受损。这导致了最初的视觉分心期。

随后的研究表明，受最初视觉干扰影响最大的人似乎也最难以保持注意力集中。

---

① 也称为抑制下降假说，该理论认为有效的信息加工不但需要激活与当前任务相关的信息，更重要的是要同时抑制与当前任务无关的信息，老年人认知功能的衰退往往就是由于不能有效地抑制无关信息所致。——译者注

大多数关于衰老和认知能力的研究都集中在 60 岁以上者身上。然而，也有人怀疑智力的衰退在更早的时候就开始了。

正如前面所解释的，固定智力，即包括从过去经验中获得的知识的认知技能，随年龄增长保持稳定，甚至可能有所增长。

一般来说，寿命越长，积累的生活经验就越多，这就会导致某些认知技能的提高。然而，其中一些提高也伴随着负面后果。

老年人有更强的共情能力，因为随着年龄的增长，我们逐渐学会运用和提升同理心。年轻人可能有出色的创新想法，但他们可能囿于自己有直接经验的事物。让子女像他们的父母和祖父母一样思考是非常困难的，但反过来，年长者理解年轻人的情绪虽然困难，但是却并不是不可能的。

苹果公司的创始人史蒂夫·乔布斯在解释为什么设计精良的产品如此少时，很好地表达了这一点："我们这个行业的很多人都没有非常丰富多样的经历。所以他们没有足够的'点'来彼此连接，他们最终得到线性的解决方案，而缺乏对问题的广泛视角。一个人对人生阅历的理解越广，他的设计就越出色。"

有一种观点与此相反，即重视年轻时的精力、动力和投入——史蒂夫·乔布斯也提到过："你不可能在向前看时就把这些点连起来；你只能在向后看的时候才能把它们联系起来。所以你必须相信这些点会在你的未来以某种方式连接起来。你必须相信一些东西——你的勇气、命运、人生、因果，等等。这种方法从来没有让我失望过，它让我的生活变得完全不同。"

复杂推理所需的技能似乎会随着年龄的增长而不断提高。解决问题的过程随着可用于决策的过去经验的增加而得到改善。老年人有着更多的经验储备。与此相反的观点是，年轻人被迫去解决问题，不受过去经验的约束，这样做可以获得全新的解决方案。

积累的生活经验的另一个效果是不让情绪影响认知表现的能力。美国的研究人员让年轻人和老年人观看痛苦的图像，发现年轻人的认知表现比老年人下降得更多。尼尔森神经科学研究所的研究表明，老年人会过滤我们收到的负面信息，除非这些信息与所做的决定直接相关。

更令人担忧的是，衰老可能导致潜在的"怀疑主义缺失"。爱荷华大学进行的研究表明，患有某些类型脑损伤的人更容易被误导的信息所欺骗。

尽管人们对老年人的刻板印象往往与脾气暴躁联系在一起，但是这似乎并不是一个准确的描述。有许多研究论文表明，幸福感随着年龄而增长，而不是相反。证实这个结论的最新研究是2010年斯坦福大学进行的一项纵向研究。这项研究的另一个结果是："在日常生活中，积极情绪多于消极情绪的人更有可能在研究期间存活下来。"读到一长串认知技能下降的清单及其对流动智力的影响，确实令人沮丧。不过，正如索尔特豪斯教授所说的那样，大多数人在日常生活中行使认知技能的结果可能并不像研究结果看上去那么糟糕。原因如下：

大多数人的日常工作并不需要最大限度地发挥他们的认知能力。所以，即使这些能力可能下降，也不会影响人们的正常生活。

我们所承担的大部分日常任务都是轻车熟路的。只有在极少的情况下，我们才需要解决那些我们过去的经验无济于事的问题。

实验室测试显然是人为的，并有意将被研究的认知推理或记忆方面加以孤立。而我们在现实生活中承担的任务需要多种认知和感官技能。那些下降的认知能力可以用那些没有下降的来弥补。

记忆、推理、解决问题和集中注意力的能力虽然很重要，但是只是成功维持日常生活所必需的一部分。此外，年轻人有更好的认知能力并不意味着他们会运用这些能力。

人类最伟大的能力之一就是适应能力。老年人似乎能够借助不同的解决问题策略和外部辅助手段来应对某方面认知能力下降的问题。

也许这解释了老年人越来越多地使用纸质或电子的"待办事项"清单的趋势。

认知能力的丧失可以通过其他能力的提升和找到新解决方案的适应力进行部分弥补，但仅此一点并不是对其商业影响视而不见的借口。

流动智力下降的实际结果和延续衰退引起的注意力分散效应可能是令人烦恼的、沮丧的、压抑的，在最坏的情况下，甚至是危险的。

二、谁会受到影响

在 2010 年发表的一篇研究论文中，研究人员声称，在 20 岁之后，流动智力会以每年约 1% 的速度下降。通过一系列测量工作记忆、推理、空间可视化和认知处理速度的测试，得到了类似于图 6–1 所示的结果分布。

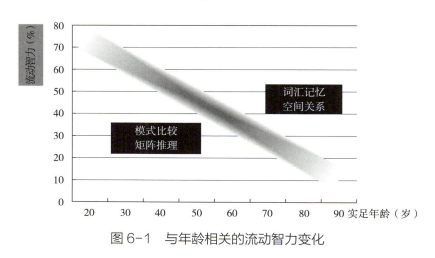

图 6-1　与年龄相关的流动智力变化

这些结果的分布显示出与年龄相关的认知能力下降的明显模式。然而，正如本章所述，研究大量个体样本能够揭示年龄和认知能力之间的联系，但其实际丧失情况因人而异。图 6-2 展示了这一点的概念性。

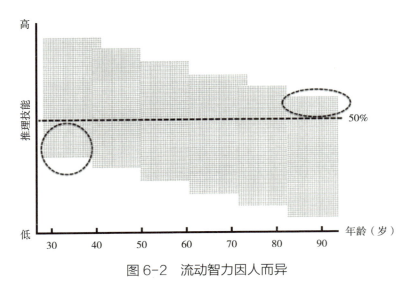

图 6-2　流动智力因人而异

90 岁的老年人中推理能力较低者所占的比例固然远远高于年轻人中的，但也会有一些 90 岁老人的认知能力超过 30 来岁的年轻人。

这种如此宽泛的结果分布在生理衰老的其他方面是极其罕见的。简单但非常重要的一点是，尽管我们明白认知变化的大趋势，但是会有很多个体并不遵循这种预测的模式。

英国行政部门进行了一项关于衰老如何影响智力的纵向

研究，是此类研究中规模最大的一项。这项研究测量了一组 5200 名男性和 2200 名女性从 1997 年 9 月至 2007 年 9 月期间认知能力的 10 年变化，他们的年龄在测试开始时为 45~ 70 岁。

图 6-3 所示为男性的结果，他们被分为 5 个年龄组。

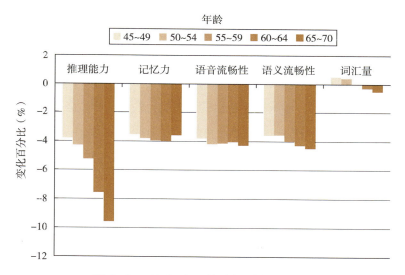

图 6-3　10 年来男性认知技能的变化

如图 6-3 所见，推理能力表现出最大的下降速度和绝对降幅。记忆力和语言流畅性也在下降，但下降幅度不大，词汇的某些元素还增加了。

那么，所有这些研究结果对公司，尤其是营销者有什么意义呢？

三、对触点的影响

衰老降低了许多老年人处理复杂新信息和理解新概念的能力，特别是当他们不能利用过去的经验或采用替代性的应对策略时。此外，随着年龄的增长，专注于一项任务而不受多余视觉刺激干扰的能力也会下降。这些衰老对心智的影响对客户消费历程中的许多触点都有重要意义。

许多老年人会保留比年轻人更敏锐的认知能力。不幸的是，公司不能只迎合这个特定群体。客户触点的设计必须满足各种人的需求，他们与年龄相关认知能力的下降程度各不相同。

受顾客记忆力、推理能力和注意力问题影响最大的营销领域是：

市场调查。

营销传播。

数字设计。

产品设计。

包装设计。

支持担保设计。

零售渠道运营。

客户联络人员的培训。

通常情况下，认知能力下降的后果会与视听觉变差造成的困难交织在一起。智力的轻微下降会因为阅读和聆听指令的

困难而被放大。

公司不应该将调整自身触点以弥补这些衰老问题的需要视为一种束缚。相反，应该将其视为一个机会，因为对老年人有效的触点也会让年轻客户的消费历程更上一层楼。

四、认知衰老的影响

对认知衰老的所有影响进行巨细靡遗的分析超出了本书的范围。作为对复杂性的一种度量，我们推出的 AF 审核工具运用了 30 多种衡量方法来评估公司触点对认知衰老的抗逆性。

以下我们对可能受到影响的营销活动的类型加以了阐明。

1. 市场调查

年龄较大的受访者对市场调查测量工具的反应与年轻人不同。一篇研究论文研究了年龄对品牌态度测量的影响，表明年龄在很大的程度上改变了对不同类型测量量表的反应。

2. 语言理解

衰老对熟悉语言的理解几乎没有影响。老年人的词汇量通常比年轻人更大。但当前者面对不熟悉的语言或单词在不同的语境中使用时，就会出现问题。例如，许多老年人感到困惑，为什么按下微软 Windows 系统的"开始"按钮会让计算机"关机"，他们也很难记住这个操作。

3. 产品设计

当学习新的程序时，老年人可能比年轻人学得慢，也不那么好。当设计师在大多数情况下无意识地假设新用户对使用产品的关键程序有先验知识时，就会加剧相应问题。

例如，智能手机的发明包含一种隐含的假设，即手机用户能够理解分层菜单结构的原则。类似的菜单结构也用于其他类型的电子产品。许多老年人发现这些设备很难使用，因为他们既没有使用这些程序的过往经验，也未得到关于它们的充分解释。

4. 响应速度

老年人的动作和反应往往比年轻人的更慢、更不精确、更易变。听懂和记住快速的口头发言，或者理解快速滚动的文本和只显示很短时间的菜单系统，这些都会随着年龄增长变得更加困难。

年轻人更善于平衡反应的速度和准确性，以便实现任务目标。老年人会本能地试图以牺牲速度为代价尽量减少错误。

当产品在设计时假设所有用户都拥有和年轻人一样的动作速度和解决问题的方法，它们就会给老年人带来困难。

5. 界面设计

不必过分夸大设计糟糕的界面造成的影响。正如在第三章中提到的，年龄的增长对使用网络时的速度和犯错的数量有很大的影响。到 65 岁时，使用网站的错误率和花费的时间平均将分别增加 50% 和 60%。这种表现的退步是通过与具有类似计算机技能和经验的年轻群体进行比较得出的。

当驾驶车辆和使用全球定位系统设备时，注意力的下降可能会引发问题。大多数这类产品都假设用户有良好的视力，总是能够在频繁切换内容的屏幕上快速关注所需的信息。很明显，很少有人考虑到这会给老司机带来的问题。

五、解决方案

对于如何优化公司的触点，以便应对认知衰老的影响，并没有一个可以简单照搬的解决方案清单。评估和调整触点需要的是一种为具体公司定制的方法，而不是套用笼统的规则和指导方针。

不过，以下建议适用于大多数触点和公司。

1. 使用熟悉的语言

尽可能使用那些得到广泛使用且不太可能被误解的语言。设计师应该使用户能够利用自己已经熟悉的经验。明确概念之间的联系，而不是期望人们自己做出推断。

一般来说，人们会对基于自己的经验所预期的事物做出快速感知和反应。

这些想法违背了大多数营销者的直觉，即最大化原创性和新颖性，以及客户善于响应不断产生的变化这种理念。BBC就是一个很好的例子，这个组织改变了人们熟悉且高度重视的服务。它最初的网站已经成为简洁设计的典范，数百万人已经学会了如何使用它的导航结构。随后网站的导航模式变得完全

143

不同。新网站上线一年后，本书作者仍然经常遇到年长用户的抱怨，称他们觉得无法使用这个网站。

另一个例子是超市习惯于无缘无故地改变商品的摆放位置。这对超市来说可能是一个小问题，但这意味着成千上万的顾客必须学习新的购物步骤。

产品、网站、广告和零售设计确实要求新求变，但如果这种改变太过极端，既没有充分的理由，也没有充分的解释，就有可能对老年消费者造成巨大影响。

2. 提供良好的说明

很少有公司为其产品提供足够的纸质、视频、嵌入式或在线说明。设计师似乎认为人们并不阅读说明书，或者认为他们的产品工作方式是如此直观，所以说明书是不必要的。这两种观点可能都有一定的道理，但对于年长的客户来说，提供易于阅读和使用的说明书仍是至关重要的。

由于要求客户自己装配产品的情况日益普遍，所以这个问题也应该日益受到重视。

要拟出一份好用的说明书并没有捷径可走——它们必须针对目标客户进行测试。

由于产品说明书往往非常糟糕，因此，那些在让客户轻松使用其产品方面做得较好的公司将获得竞争优势。

这包括提供高质量的纸质说明书，也包括电话和在线帮助。

3. 提供易于获取的说明书

如果可以的话，应该向用户提供执行任务所需的信息，而不是指望他们自己直观地了解程序。尽量减少用户完成任务时必须记住的操作数量。

对于那些不经常执行的任务，需要提供易于访问获取的说明书，这一点尤为重要。例如，惠普公司总是将简单的视觉指示附到它的打印墨盒上，以便提醒用户应该如何使用它们。苹果公司有一种简单而一致的方式来访问其应用程序中很少使用的功能，且这些功能总是附带简单的说明。

4. 提供足够的时间

要意识到，一些老年人在理解和记忆过快的指示和信息时会有困难。不论对于显示电话菜单选项的速度、记录语音信息的速度还是销售和支持人员说话的速度，都适用这一点。如果这个人的听力也不好，那么这将加剧其理解信息的困难。

同样的问题也适用于视觉信息的呈现速度。网页和应用程序设计师必须确保移动图像的速度适合老年人阅览。

提供足够时间的需求不仅适用于信息呈现的速度，还涉及老年人完全理解指示可能需要的时间。

当手机首次通过零售店销售时，销售人员无法就此产品与老年人沟通的情景已屡见不鲜。他们语速太快，期望客户在听了几分钟的解释后就能了解产品。而他们使用的行话，加上他们对大多数客户都已经具备相应程序操作经验的假设（实际

145

上并非如此），也给沟通不利状况火上浇油。因此，这些零售店成为老年消费者的"禁区"也就不足为奇了。幸运的是，这种情况已经大大改善。

5. 保持菜单结构简单且合乎逻辑

在设计书面说明、网站、电视频道控件和控制家用电子产品的菜单时，尽可能令其保持简单且合乎逻辑是至关重要的。

菜单的层次结构必须清晰，只显示用户做出决定所必需的信息。这些都是常识和简单的要求，但它们经常被忽视。

突出最重要的选项和最经常使用的选项，并使其易于访问。信息和选项的分组应该从用户的角度来进行，而不是从系统设计者的角度。

老年人在浏览复杂的菜单时更容易迷失方向。有必要提供相应的视觉线索，使他们能够不断地自我定位。

史蒂夫·克鲁格（Steve Krug）写过一本关于易用性的书，其书名即表达了产品、说明和标识设计师的主要目标——《不要让我思考》(*Don't make me think*)。这对老年用户尤为重要。

6. 减少视觉杂乱

随着年龄的增长，抑制视觉干扰变得越来越困难。我们知道这条原则适用于计算机屏幕和控制面板，但它也可能涉及书面营销宣传资料。老年人处理一项任务所需的时间更长，但根据我们的经验，这也会带来挫折和烦恼——这是最好避免客户发生的两种情况。对此的简单解决方案是，只有在绝对必要

的情况下才使用移动的或色彩丰富的图像，而不要仅为了搞些吸引眼球的噱头去用到这些元素，在用户需要集中注意力的区域尤其如此。

这是另一个与营销者和设计师的正常反应相悖的问题，他们经常觉得必须用图像或动画填补空白。

7. 让用户掌握控制权

平板电脑在老年人中如此成功的原因之一是它让用户掌握了控制权。如果用户只想使用电子邮件和上网，他们就不会被迫浏览或学习其他应用程序。如果他们只想要能让他们阅读报纸和书籍的应用程序，那么这就是他们所见。

这个原则适用于所有类型的用户体验，它应该由用户决定，而不是设计师或品牌经理。

8. 对积极和消极结果给予反馈

在适当的时候，向用户给出关于他们正在进行的任务状态的明确反馈。这个要求适用于所有年龄段，但尤其适用于老年人。

在线完成交易是体现其必要性的最明显例子，但此要求也适用于口头和书面沟通。

六、商机

随着人们逐渐老去，他们会意识到自己的认知能力正发生变化，但苦于没有简单的方法来衡量这种变化的速度和幅度。在大多数零售中心，视力和听力的减退程度可以在几分钟内就检测出来。肌肉力量、骨密度、脂肪水平、握力以及其他大多数与年龄相关的生理变化都可以通过去医院来一次快速体检来加以量化，而认知衰老则不然。

心智能力最显著的变化是记忆的速度和准确性变化。表6-1所示为困扰老年人的日常记忆问题的类型。

表6-1　老年人日常记忆问题分析

日常记忆问题	有此问题的百分比（%）
一个词"就在嘴边"却怎么也想不起来	61
忘记最近读的句子是关于什么的，不得不读一遍	55
忘记放东西的地方，把东西落在家里	46
忘记昨天或几天前被告知的事情	40
忘记怎么拼写单词	39
忘记不常见单词的意思	37
忘记刚才说的话——"我说什么来着？"	29

这些记忆差错是令人恼火和尴尬的，大多数人认为这是衰老的自然组成部分。但人们对其有更深层的担忧，即担心这不仅是正常衰老的症状，而且可能是痴呆症噩梦的前兆，这个问题将在本章后面部分讨论。

许多五六十岁的人都曾经亲身经历过年长的亲戚或朋友的亲戚患痴呆症的情况。鉴于患上这种疾病的可怕后果，50岁以上者对其的恐惧尤胜于癌症。

　　老年人意识到他们的智力正在发生变化，并希望这只是衰老的正常过程，但他们并没有简单方法来证实这一点。而令他们感到恐惧的是，如果衰退速度加快，他们就可能会患上痴呆症，这样的未来简直不可想象。这也带来了一个巨大的商机，可以借机向他们提供可能预防或减缓认知衰退速度的产品和服务。

　　有可能预防或减缓认知衰退吗？在《认知衰老的重大问题》一书中，索尔特豪斯教授给出了明确的答案：

　　尽管人们对可能预防或逆转与年龄有关的认知衰退的干预措施怀有极大热忱，但是现有的研究结果更多是启发性的而非最后结论。

　　不过，索尔特豪斯教授确实对最有可能影响认知衰老的因素有自己的看法：

　　体育锻炼和认知衰老速度之间的因果关系还没有得到明确的证实，但至少其部分相关性是非常可信的，一些科学严谨的研究已经报告了令人鼓舞的结果。

　　在缺乏严谨科学研究的情况下，每天都有一些学术和商业研究案例，声称已经找到了这个问题的解决之道：

　　"在 60 至 70 岁的成年人中，肥胖与记忆力和思维能力下降有关。"

"据报道，咖啡可以预防痴呆。"

"太极拳对衰老的大脑有好处。"

绝大多数消费者并不了解关于认知衰退和痴呆症的科学或研究结果。在缺乏相关知识的情况下，他们只能求助于"常识性"的方法来试图保护自己。

索尔特豪斯教授关于身心健康之间联系的观点在专业和大众媒体中均得到了呼应。意料之中的是，随着老年消费者日渐意识到花时间锻炼有助于维护他们的身心健全，食品和保健行业可能成为主要受益者。

我们在第七章中指出的所有与维持健康肌肉和体重相关的商机都与认知衰老有关。这对公司来说可谓天赐良机，可以借此为那些让消费者受益的产品和服务构建主张，宣称其益处便是帮助消费者改善衰老带来的大部分生理问题——包括认知问题。

大量的消费者已经坚信了另一种改善他们认知衰退的方法，对其最贴切的描述就是"用进废退"。如果对身体勤加使用可以防止衰老，那么同样的逻辑可能也适用于思维。

任天堂是最早意识到"脑锻炼"机会的公司之一。许多其他公司也紧随其后进入了这个游戏市场分野，并取得了不同程度的成功。这类产品不仅声称能改善思维过程，还为客户提供了衡量其思维运用是否成功的机制。不过持怀疑态度者可能会说，这些指标只能表明用户对游戏规则的熟练掌握程度而已。

纸上智力谜题，例如填字游戏和数独游戏，是老年人试图保护自己的心智并对自身智力衰退程度进行客观衡量的另一种方式。

这些产品在延续认知衰老方面到底有多成功是人们热议的话题，但在有效性经过验证的解决方案尚付之阙如的情况下，它们仍将大受欢迎。

消费者对自身心智变化的恐惧、不确定感和对此加以掌控的欲望，这些情绪都是认知衰老相关商机的驱动因素。对于那些能够摸透这些情绪并提供可靠解决方案的公司来说，这个领域可谓大有机会。

认知衰老对人们生活的影响之所以不像实验室测试结果显示的那么大，原因之一是人们会找到应对方法，尤其是针对记忆力减退的问题。

iTunes Store（一个在线商店）上有超过 100 个 App，提供各种"待办事项"列表、提醒、提示以及其他各式各样帮助人们确保自己不忘记重要任务的手段。

忘记钥匙、钱包和其他物品位置的老问题现在可以通过与手机相连的蓝牙技术来解决。

此类"应对"工具的商机有限，因为有许多优秀的产品是免费提供的。大多数计算机、平板电脑和手机都配备了提醒和日记软件。

谷歌搜索可能是我们解决记忆问题时最常用的工具。甚至有人担心，我们对谷歌搜索的依赖会对我们的记忆力产生不利影响，因为我们不必再费心去记住事实。

毫无疑问，技术创新将创造出全新的帮助老年人应对记忆丧失的可销售产品，但与那些声称可以防止认知衰退的产品和服务相比，这个市场仍然很小。

第二节　与年龄相关的认知疾病

每个时代都有人们最害怕罹患的疾病——肺结核、小儿麻痹症、癌症、艾滋病，如今则轮到了痴呆症。

正如前文已经讨论论过的，大多数人并不了解与年龄相关的认知衰退何时开始，以及痴呆症又会何时出现之类的专业细节。两者的有些症状是相同的，但它们代表的病情却是迥异的，由此创造的商机也不尽相同。

一、科学解释

根据英国阿尔茨海默病协会的说法，"痴呆症"一词的含义是："描述了一系列的症状，包括失忆、情绪变化、沟通和推理问题。"这些症状是疾病而非衰老引起的。

在某些情况下，痴呆症患者的性格会发生重大变化，变得易怒、妄想，行为方式与正常行为完全不同。

目前还没有治疗痴呆症的方法，只有一些药物可以减缓

衰退的速度。阿尔茨海默病是近三分之二痴呆病例的病因。

据认为，导致这种病情的大脑结构变化，在最初的症状明显化之前几十年就开始了。该病发病缓慢，症状通常被认为与衰老有关。

痴呆症的第二大常见原因是血管性痴呆，占病例的近20%。这种病情是由氧气供应受限导致的脑损伤造成的。这种疾病的症状要么是中风后心智功能的突然丧失，要么是一系列的小中风导致的功能逐渐丧失。

导致其余 20% 痴呆症的，还有十几种其他疾病。

表 6-2 所示为英国痴呆症按年龄划分的患病率。

表 6-2　英国痴呆症患病率

年龄（岁）	人口中出现的概率
40~64	1/1400
65~69	1/100
70~79	1/25
80 以上	1/6

痴呆症的发病率仅因为性别而有少许差异。在英国，65~69岁年龄段中，男性更容易患这种病。到了 75~79 岁，情况则正好相反。一个人的种族和遗传历史似乎不会影响他们患这种疾病的概率。然而，在极少数情况下，基因被确定为主要病因。

之所以很难获得有关痴呆症次要病因的准确数据，是因为近一半儿的患者都没有意识到自己患有痴呆症。

关于痴呆症，我们所知道的唯一一件事就是，它的患病率随着年龄的增长而迅速增加。这就是为何个人和政府对它如此关切，而对公司而言它又能带来如此巨大商机的原因。

二、商机

以下几个事实，有助于我们认识到痴呆症对护理人员、医院、护理提供商和政府财政的影响之大。

在任何时候，65 岁以上的所有住院患者中约有 25% 患有痴呆症。

2008 年，在美国，痴呆症患者的亲友为他们提供了 85 亿小时的无偿护理，平均每周 16.6 小时。

2008 年，在欧洲，阿尔茨海默病及其他痴呆症消耗的费用为 1770 亿欧元。美国的对应费用估计为 2000 亿美元。

找到治愈、延缓或改善这种疾病影响方法的公司将获得丰厚回报。我们只能寄希望于制药行业即将创造出这样的疗法。不幸的是，大多数报告显示，这种疾病在未来 10 年内不太可能得到治愈。

在这些疗法横空出世之前，商机将在于如何让患者及其护理人员的生活变得更可接受。

有三种类型的业务将从痴呆症患者人数的增加中受益。其中每一类都已经是成熟的市场，但可用资金水平的变化、需求的规模以及将创新思维应用于服务提供的机会等因素，让新

进入市场者几乎不会遇到什么障碍。

1. 护理院

有足够的公共财政来为迅速增加的痴呆症患者的护理提供充足资金，这样的国家可谓凤毛麟角。最昂贵的护理形式是专门的护理院，可以提供患者所需的 24 小时护理。

已经有迹象表明，资金短缺正在导致患者在等待转移到专科病房的过程中，在医院滞留的时间延长。那些资金雄厚的个人将能够购买自己专属的痴呆症护理服务。随着国家资助的医疗水平的下降，更多的人将被鼓励去私营机构。帮助人们支付这些服务的新型金融服务产品将迎来机会。

在过去的 10 年里，对痴呆症患者的护理几乎没有什么创新可言。荷兰的霍格威村展示了新思维如何从根本上改变痴呆症护理的概念。该地设施于 2009 年底开放，其居民生活在一个受保护的环境中，视觉参照基于过去风格进行设置。在这个居住空间里，居民可以尽可能地过正常生活。护理人员与患者的配比很高，每月的护理费用约为 7000 美元。

公司有望给老年人及其家人带来希望：让他们相信痴呆症患者的晚年生活至少不会不堪忍受。

对于依赖国家资助的痴呆症患者，在改善其护理方面，也存在着商机。目前，痴呆症护理提供商正努力在保持服务质量的同时，不断降低运营现有设施的成本。但这个目标的实现只是暂时的。

公司有机会提供一种完全不同的大规模痴呆症护理服务。

2. 日托中心

这些中心很可能会越来越受欢迎，因为它们为痴呆症患者提供了获得专家建议的途径，也为家属照顾者可以不被照顾亲人的责任所束缚。这些中心通常由志愿者提供人员和资金支持。

公司有望将日托服务商业化，并以类似于托儿所的方式提供服务。这将涉及提供接收和送回患者的设施、工作人员和安全交通工具。

3. 在家护理

让人们尽可能长时间地住在自己的房子里，这在经济和情感上都大有裨益。同样的观点也适用于有其他身体状况需要照顾的老年人。

私人在家护理服务市场正稳步发展。为痴呆症患者专门提供类似服务的市场仍有增长余地。

应用新技术来提升在家护理的质量并降低其成本，是大大小小的众多公司在过去 10 年里孜孜以求的目标。英特尔和通用电气曾各自尝试为这个市场创造解决方案，但都没有太大斩获。最近它们通过建立合资公司以求携手共进。这个市场坐拥大量客户群，加上如今通过结合互联网和低成本计算机处理技术，有望催生出对患者加以监护和协助的全新功能，其市场前景巨大。在此吸引之下，众多小型初创企业纷至沓来。

这些服务尚未获得成功的原因不是缺乏技术，而是无法

将技术与其他护理服务实现整合，并作为一整套功能完善的服务交付给客户。如果有公司能一举解决这个问题，那么应该会大有前途。

三、认知衰老的商业影响

与其他类型的生理衰老不同，该领域的主要商机来自与年龄相关的疾病，而不是认知衰退的正常效应。

尽管没有确凿的证据能证明任何防止智力衰退的疗法确有其效，但是它们已经发展出了成熟的市场。

运动和健康饮食对所有类型的生理衰老都会带来有益因素。尽管这个建议经常被忽视，但是相关信息的不断重复确保了老年消费者将逐渐被那些对健康有益的产品所吸引。如果能够证明，投入时间和金钱就能让我们的身心更能抵抗衰老侵袭，那么这想必是一个令人信服的销售主张。

另一个主要的商机来自对痴呆症患者的护理。与其他市场一样，老年痴呆症护理将细分为提供高端豪华服务以及低成本、高数量的护理院和日托中心这两类。由于现有的医疗服务提供商和资助者仍试图维持当前并不经济的运作模式，所以后一类市场的建立将会比较缓慢。

许多老年人只会因为智力衰退遭遇轻微问题，他们会找到应对方法。但也有同样多的老年人，其记忆力和推理能力会出现明显下降。

公司需要根据状况最糟的群体，而不是最好的群体来调整其触点。大多数情况下，对触点进行的调整所涉及的是改变行事方式，而不是花更多的钱。

表 6-3 所示为受到影响和需要评估的触点。如果能够作为常规升级的一部分来实现相应的必要更改，那么公司付出的成本将是最小的。

表 6-3　可能受认知衰退影响的营销和经营活动

营销传播	线上	产品	零售	销售	服务
广告创意	网站	组装	标识	线下	线下
直接邮件	移动客户端	设计	布景	线上	线上
销售宣传资料	App	包装			

本章小结

认知衰老会影响我们的记忆、注意力、推理、洞察力、感知和认知的特征。它还涉及感官衰老的过程以及我们一生中行为和价值观的变化。认知衰老的一些结果是积极的，可以带来智力表现的改善。不幸的是，其消极结果远超积极结果。年龄和认知能力损失之间是有联系的，但实际的损失因人而异。

衰老降低了许多老年人处理复杂新信息和理解新概念的能力，特别是当他们不能利用过去的经验或采用替代性的应对策略时。此外，随着年龄的增长，专注于一项任务而不受多余视觉刺激干扰的能力也会下降。受顾客记忆力、推理能力和注意力问题影响最大的营销领域是：

市场调查。

营销传播。

数字设计。

产品设计。

包装设计。

支持担保设计。

零售渠道运营。

客户联络人员的培训。

评估和调整触点需要一种为具体公司定制的方法，而不是套用笼统的规则和指导方针。不过，以下建议适用于大多数触点和公司：

使用熟悉的语言。

提供良好的说明。

提供易于获取的说明书。

提供足够的时间。

保持菜单结构简单且合乎逻辑。

减少视觉杂乱。

让用户掌握控制权。

对积极结果和消极结果给予反馈。

消费者对自身心智变化的恐惧、不确定感和对此加以掌控的欲望，这些情绪都是认知衰老相关商机的驱动因素。对于那些能够摸透这些情绪并提供可靠解决方案的公司来说，这个领域可谓大有机会。绝大多数消费者并不了解关于认知衰退和痴呆症的科学或研究结果。在缺乏相关知识的情况下，他们只能求助于"常识性"的方法来试图保护自己。

随着老年消费者日渐意识到花时间锻炼有助于维护他们的身心健全，食品和保健行业可能成为主要受益者。

"用进废退"的理念是消费者接纳的另一种解决方案。

如果对身体勤加使用可以防止衰老，那么同样的逻辑可能也适用于思维，不是吗？

在任何时候，65 岁以上的所有住院患者中约有 25% 患有痴呆症。

在相关疗法横空出世之前，商机将在于如何让患者及其护理人员的生活更可接受。有三种类型的业务将从痴呆症患者人数的增加中受益：

护理院。

日托中心。

在家护理。

这三类都已经是成熟的市场，但对新进入市场者几乎没有什么障碍。

第七章

衰老的身体

CHAPTER 7

　　在前面的章节中，我们解释了感官和心智的衰老是如何对公司与老年客户之间的关系带来深刻影响的。而衰老对组成人体的 11 个器官系统和大约 100 万亿个细胞的影响同样重要，其造成了人们外表、感觉和行为方式的转变。

　　随着身体年龄的增长，其带来的结果是显而易见的——头发变白、皮肤起皱、体形发生变化。这些生理变化催生了化妆品、护肤品和饮食行业的大量业务。

　　身体衰老给人一种刻板印象，比如佝偻的体态、僵硬的动作、有关节炎的手，以及小便失禁。制药业当然不会错过由此产生的治疗产品需求。

　　当然，除了捕捉商机外，对身体衰老的所有这些方面是如何影响人们正常的购买和消费过程的这个问题加以考虑也同样重要。

　　对身体衰老的原因及其结果的科学解释牵涉广泛，复杂难懂。在本章中，我们作为作者所面临的挑战是简化主题，以便读者了解为什么身体会发生多重变化，它们创造的商机和影响到的客户触点又分别有哪些。

这些生理变化可能令人不快，它们昭示着岁月的无情，对此无人能免，知悉这一点让人难免在阅读中感到沮丧。但衰老带来的也不全是坏消息——一项针对 50 岁以上马拉松参与者的全球研究显示，这些老年长跑者和 18~40 岁年龄段的长跑者相比，在赛后受到的影响几乎没有差别。另有一些研究表明，年龄的增长会导致牙齿敏感度下降，对过敏的敏感度降低，感冒和病毒感染减少。根据另一些研究，老年人的性欲还会增加。此外，身体衰老的许多影响可以通过合理的营养组合、定期锻炼和积极的态度来延缓。

一大早，中国的公共场所就挤满了晨练太极拳和交际舞等运动的老年人。在印度，老年人有练习瑜伽的传统。

是什么驱动这些人进行锻炼的？没有研究能明确回答这个问题，但原因似乎有三个：想要保持健康，想要保持自己的外表，或者因为这很有趣，让他们感觉更好。这些动机有助于我们理解人体衰老所带来的挑战和巨大商机。

Curves 健身连锁店的目标客户是 50 岁以上的女性，并成功地把握了西方女性的类似需求。该连锁店 20 年前在美国创立，在超过 85 个国家拥有 10000 家俱乐部，服务 400 万会员。顾客付费是为了"享受"时长 30 分钟的健身体操，这是一种与动作缓慢的太极拳截然不同的运动形式，但却殊途同归。

本章的第一部分讨论了那些既影响客户触点，又带来新商机的身体情况：

柔韧性。

手部灵巧性。

力量。

体重。

泌尿问题。

本章第二部分则讨论了那些不会影响触点，但会带来新商机的身体情况：

消化。

头发。

皮肤。

更年期。

性的变化。

第一节　柔韧性和衰老

柔韧性的定义是，一个或一系列关节在一个搭档或一件设备的辅助下，在短暂施力下所能达到的绝对运动范围。

手臂或腿的伸展或其他活动所影响的客户触点，与那些涉及移动身体核心和弯曲腰部的触点有所不同。

因此，我们将柔韧性对身体的影响分为两类——四肢和躯干：

当举起手臂去够高架子上的产品或在组装产品时弯曲手

臂时，四肢柔韧性是必需的。

而当在超市弯腰面对一个低矮的货架时，或者在试鞋时，躯干柔韧性则是必需的。

为何衰老会影响这两种柔韧性？其原因是相似的，我们在接下来的几段中总结。

一、柔韧性的科学解释

柔韧性的降低是肌肉、骨骼和关节的生理变化造成的。

随着肌肉的老化，它们开始萎缩并失去质量。肌纤维的数量和体积都会减少，这就解释了老化的肌肉需要更长的时间来做出反应的原因。由于肌纤维被脂肪和胶原纤维取代，所以肌肉的柔软度进一步下降。肌肉的变化在本章的"力量和衰老"部分有更详细的解释。

衰老会减少关节的活动范围。在关节内，骨骼由软骨保护，后者起到减震器的作用。在关节周围的膜中也有一种液体起润滑作用。随着关节老化，润滑液量减少，软骨变薄，韧带，即骨骼之间的结缔组织往往会缩短并失去柔韧性。

这些身体变化的结果是，人们行走和保持体态的方式被迫改变。"关节僵硬"的常见症状是步长缩短，踝关节伸展减少，以及由于骨盆旋转能力受限造成的转体运动范围减小。

许多与年龄相关的关节变化会因为缺乏锻炼和肥胖引起的身体应力而加剧。随着身体老化，关节的旧伤常常再度复

发。保持合理体重和定期锻炼可以帮助缓解这些情况，保持身体柔韧性。

随着年龄的增长，骨吸收（骨骼向血液中释放钙的过程）和新骨形成之间的平衡会发生变化。结果是，随着骨骼中矿物质含量的减少，它们变得更加脆弱。

骨量损失导致的最重要后果就是骨质疏松症。其对女性的影响比男性更大，可导致骨折，通常是椎骨和髋关节骨折。对于七八十岁的老年人来说，骨质疏松症是导致其丧失行动能力的主要疾病之一。

还有很多其他病症会导致关节疼痛和活动能力下降。最常见的是关节炎。类风湿性关节炎会影响免疫系统，所有年龄段的人都可能患上。骨关节炎是关节磨损和撕裂的结果，虽然并非衰老所致，但是患病的机会随着年龄的增长而增加。这种疾病的严重程度不一，从关节僵硬导致的偶尔不便，到所有关节的持续疼痛以及对活动的极大限制均有可能。

二、谁会受到影响

柔韧性下降和年龄之间的关系已经被大量的研究所证明，而观察老年人的运动就是最显而易见的证实方法。年轻人可以自然而然做到的弯腰、扭腰和伸手等活动对 60 岁以上者来说可能会变得困难和痛苦。

在过去的 15 年里，骨关节炎和其他影响柔韧性的风湿病是美国成年人最常见的失能原因。如表 7-1 所示，关节炎的发病率与年龄密切相关。到 65 岁时，该年龄组 50% 的人患此病。这项分析还表明，女性更容易患上这种疾病。

表 7-1　美国按年龄及性别分组的医生诊断关节炎率

年龄范围（岁）	发病率（%）
18~44	7.6
45~64	29.8
65 以上	50
性别	发病率
男性	18.3
女性	25.9

表 7-2 中的数据强调了柔韧性降低对客户体验的影响。这些数据显示了美国关节炎患者的数量，他们报告在日常活动中有明显的限制。

表 7-2　关节炎对日常活动的限制

活动	美国的病例数（万）
步行 400 米	600
俯身/弯腰/跪姿	800
爬楼梯	500
社交活动，例如教堂礼拜和家庭聚会	200

关节的柔韧性降低会影响大多数老年人，且这种情况会

随着年龄的增长而逐渐恶化。其导致的失能程度部分取决于生活方式、一生中身体部位受到的磨损和撕裂以及基因构成等因素。可以肯定的是，柔韧性的降低将改变大多数老年人的活动范围。

三、对触点的影响

公司需要考虑客户柔韧性降低对其产品使用和组装等相关触点的影响：

把产品带回家。产品包装是否方便携带或移动？

为产品使用做准备。产品是否可以在不考虑用户的姿势和灵活性的情况下而进行组装？

使用产品。缺乏柔韧性是否会限制客户使用产品的能力？

酒店房间的设计为我们提供了一个很好的例子，以表明考虑顾客的柔韧性可以极大地改善他们的体验：

抽屉和衣架的高度合适吗？

保险箱是否可以在不过度弯腰的情况下打开？

骨盆没有较大动作、腿部不弯曲的情况下能够使用淋浴吗？

座位的高度是否确保老年人使用方便？

床是否太高或太低？

柔韧性不足也会在零售渠道内产生问题。例如，在服装店，简单的穿衣脱衣行为也需要一定程度的柔韧性，但并不是所有的服装专卖店都提供足够大的有座位的更衣室。

产品在货架上的位置，对于有柔韧性问题的人来说是否容易够到？这个问题很少被纳入考虑。理想的高度应该与顾客的肩膀齐平，这样他就可以看到和够到产品，而不需要弯曲脖子或身体，或用手臂去够。德国和日本的一些零售商现在已把老年人最常购买的产品放在容易拿到的地方。

超市应该考虑如何将工作人员提供的协助和特别改装的购物篮等措施结合起来，以便改善有严重柔韧性问题的顾客的购买体验。正如第三章所说明的，这其实是另一个级别的支持措施，商店可能已经为失能残疾人提供了，例如，轮椅坡道和购物篮附件。

柔韧性下降的一个可能结果是步态受限。这可能会导致老年顾客在使用楼梯和台阶时，以及在需要改变步幅以便从一个平面移动到另一个平面时遇到困难。这些情况在酒店和零售渠道场景中均会出现。关于摔倒的话题在本章后面的"力量和衰老"一节中有更详细的介绍。一个可怕的事实是，几乎一半儿的老年人摔倒是发生在浴室里和楼梯上。

所有指望其客户能够顺利通过楼梯和台阶的公司都需要尽量减少客户摔倒的可能。第四章中，我们讨论了为何公司现在就需要开始将老龄友好原则纳入他们的建筑设计中。最好的办法是在设施建成时就采取措施以尽量将导致老年客户摔倒的成因减到最少，而不是事后再亡羊补牢。

四、商机

治疗关节炎、骨质疏松症和其他影响关节疾病的药物已经形成了很大的市场。老年人数量的增加意味着这个市场将会自然增长，对髋关节和膝关节置换手术的需求也会增长。摩根大通有一支基金，专门投资于那些将受益于人口老龄化的公司，其有超过四分之一的资金投向了医疗护理行业，这一点也不令人惊讶。

除了药物和医疗以外，柔韧性的丧失还产生了对帮助锻炼和行动的产品与服务的需求。

1. 运动

体育锻炼是延迟由年龄相关的柔韧性问题所引起的失能发生及其程度的最有效方法之一。

这为运动、健身和健康产业提供了机遇。诸如 Curves 等针对 50 岁以上女性的公司的迅速崛起，以及瑜伽、太极拳、普拉提、杠铃操和各种不同类型的舞蹈等健身课程的日益流行，都证明了这一点。

"老年人健身项目"是 2010 年全球健身趋势调查发现的主要商机之一。该市场的不断增长不仅是因为人口结构的变化所致，而且也有赖于社会各界日益增长的意识，即保持健康是保护身心不受衰老影响的为数不多的方法之一。

健康和健身专业人士可以通过提供与客户年龄相适应的锻炼方案来充分利用老年人和退休人员人口不断增长的趋势。

针对这种需求，健身公司可能会采取一些与运动相关的举措，包括：

设计会员费差价，使老年人能够在非高峰期使用健身中心。

改良瑜伽、太极拳、普拉提和水上运动，专门针对老年人的年龄、身体状况和体形设计。

开展促进伸展和关节运动的新型运动，或复兴传统运动。

改进这些活动参与者的运动服装。

用形状记忆材料设计的支持拉伸和屈曲的服装。

设置即使独自一人也能安全拉伸屈曲的运动器械或设备。

提供帮助人们监测自身柔韧性的平板电脑 App。

提供含有促进肌肉生长、降低血压和胆固醇等效果的食品添加剂和食品补充剂。

已经有迹象表明，健身公司正在对这个机会做出响应，这也可以与许多老年人的减肥愿望结合起来。

2. 移动能力

总是会有大量的老年人，也许是大多数老年人，他们的柔韧性问题难以根治，并因此令他们的移动能力受到影响。这可能归咎于他们久坐不动的生活方式，或者不幸感染了一种侵袭性的、无法治愈的关节炎。

目前已经有一系列的移动辅助设备和适应性产品，通常通过专卖店、产品目录和在线方式销售。这些产品包括帮助保持身体稳定的行走车、帮助人们站立的电动椅子以及全套的拐

杖和辅助工具。鉴于我们已经讨论过的原因，对这类产品的需求将稳步增长。

未来，移动辅助产品供应商面临的挑战是，用什么方式设计和销售这些产品，使它们不会立即与"虚弱"和"残疾"的印象联系在一起——尽管这些正是它们被购买的原因。

未来的老年消费者将试图调和两种似乎相互排斥的情形，即想要凭借一副关节日渐老迈的身体，来保持年轻的生活方式和移动能力。

已经有迹象表明，企业正在积极响应这个机遇。婴儿潮一代喜欢光顾的一些滑雪场的经营者为了减少对滑雪者关节的冲击，正在把雪道压平。

现在，所有年龄段的徒步者在下坡时都使用拐杖来分散重量。在佛罗里达的海滩上，经常可以看到一大群老年人使用同一种拐杖进行快步走锻炼。

突然之间，运动用品商店开始出售一系列膝盖、肘部和脚踝护具，一同摆上货架的还有最新的耐克和阿迪达斯训练服。

如果既能保持移动能力，又可避免蒙受"老迈无力"的污名，老年人会为此欣然买单。

第二节　灵巧性与衰老

手部的灵巧性，即手的使用技巧和易用性，影响了很多触点，所以我们把它与柔韧性分开讨论。

在消费者与公司接触的几乎每个阶段，其双手都扮演着至关重要的角色。拨打求助热线，打开直邮包裹，使用鼠标和键盘，以及购物、拆包和使用产品的一系列触点都离不开手。

我们年轻时很容易把握的触点，却可能会成为手部灵巧性受损者令人沮丧的障碍。

通过了解手部灵巧性下降的老年客户所面临挑战的严重程度，营销者可以做出必要的调整，以实现其更愉快、更高效的产品体验。

一、灵巧性的科学解释

衰老会影响手指的力量，捏、抓和旋转物体的能力以及手部的整体敏感度。

看似简单的任务，比如拿着一个玻璃罐并扭开金属封条，却需要用到包括肌肉、骨骼、关节、肌腱、皮肤、感觉和神经在内的多种身体系统。随着人们年龄的增长，所有这些身体系统的效率都会下降。

正如本章"力量和衰老"一节所述，老年人随着年龄的增长，肌肉量会显著减少，但与其他肌肉群相比，手部肌肉量的减少不太明显。

60 岁以后，老年人的握力会下降 20%~25%。一般来说，在 50~70 岁的老年人中，握力每 10 年下降 15%。

在使用大多数产品时，最重要的灵巧性要素之一是用拇指和其他手指精确握住物体的能力。这种能力会随着年龄的增长而下降。

用拇指和其他手指握住并提起一个物体，需要有足够的握力来稳定该物体，以便对抗重力的影响。如果握力太低，物体就会从手中滑落。

研究人员一致报告称，衰老会削弱快速、准确的动作能力，以及成功调节握力所需的肌肉技能。

还有其他生理原因导致手部灵巧性随年龄增长而下降：

由于中枢和周围神经系统的改变，老年人的手部肌肉控制能力受损。这在第六章中已经进行了讨论。

老年人的手部皮肤会变得更干更滑。这加剧了抓握物品时遇到的问题。

指甲质地和敏感度的变化会影响触觉灵敏度。

人们普遍认为，衰老会导致手部颤抖，尽管没有确凿的研究证实这个结论。然而，有些与年龄相关的疾病会导致手部颤抖从轻微发展到无法控制，帕金森症是这些疾病中最常见的，通常影响 60 岁以上者。

除了已经列出的原因，手部灵巧性受损也是视力和认知能力下降的间接结果，因为这些能力的衰退影响了手部的协调能力。

二、谁会受到影响

为了测量不同年龄者的手部力量，谢菲尔德哈勒姆大学（Sheffield Hallam University）的研究人员对 3000 人的样本进行了测试，要求他们打开一个类似在超市里销售的罐子。

如图 7-1 所示为根据本研究的结果所绘制的男性和女性按年龄分组的扭矩力强度。显然，男性比女性更强壮。但无论男女，手部力量都随着年龄的增长而下降。

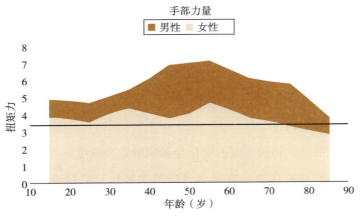

图 7-1　男性和女性平均扭矩力

衰老的另一个结果是人们抓住和放开物体的速度变慢。这可能会导致老年人本能地增加握住物体的力，这使他们在应对脆弱物体时遭遇困难。

并不是所有的人都会随着年龄的增长而失去良好的手部运动技能，那些老年音乐家就是对这一点活生生的证明。因

此，人们相信，这些衰老影响的显现可以通过定期的练习和锻炼来延缓。

除了衰老的自然影响以外，手部关节炎也是影响老年人精细运动技能的最常见问题之一。其会导致手部关节发炎，导致握力减弱和手指肿胀。

女性比男性更容易患手部关节炎。美国的一项研究发现，老年妇女手部几乎每个关节患关节炎的可能性都更高，男女比例是 3：1。

三、对触点的影响

为了体验灵巧性降低对人们生活的侵袭，我们不妨以驾驶汽车这个简单行为为例考虑一下。手指疼痛或僵硬会使简单的动作变得更加困难，比如系安全带、转动钥匙、调整座椅和镜子，甚至只是简单地转动方向盘。

美国汽车协会建议对汽车的控制装置和内饰进行调整，以便有利于老年驾驶者。其建议包括以下功能：

更厚实的方向盘，使其更容易抓握。

无钥匙门锁和点火系统，消除扭转动作。

带动力辅助的镜子和座椅，对其进行调整所需的力量和运动范围更小。

对于年轻设计师乃至许多年长的设计师来说，很难充分认识到失去手部灵巧性所带来的局限性。模拟其影响的一种方法是戴上由佐治亚理工研究所生产的关节炎模拟手套。该手套的手指部分编织进了金属丝，以便使手套变硬并减小其活动范围，氯丁橡胶用于降低触觉敏感度，表面光滑的织物则可以减少抓握力。

这种手套非常适合在三个重要的业务领域体验手部灵巧性降低的影响：

产品包装。

产品设计。

零售。

1. 产品包装

2004 年，一份面向 50 岁以上人群的杂志询问了读者对产品包装的看法。在 2000 名受访者中，99% 的人认为包装在过去 10 年中变得越来越难打开。调查结果如图 7-2 所示。

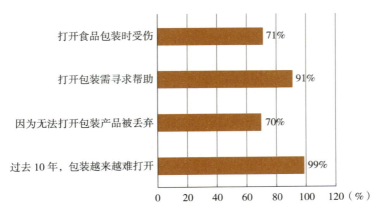

图 7-2　老年人对包装的态度

这个调查结果可谓对包装设计师的控诉：70% 的受访者不得不丢弃他们无法打开的产品，而 91% 的受访者则需要寻求帮助。

制造最大困难的不是那些很少被购买的产品，而是那些常用的物品，例如漂白剂瓶、罐子、收缩膜包装的奶酪、拉环罐、肉和鱼罐头、牛奶和果汁盒以及药瓶防儿童盖儿。同一研究还显示，71% 的受访者声称他们曾在费力打开食品包装时受伤。

英国贸易和工业部的一份报告估计，每年有 67000 人因为涉及食品或饮料包装的事故而到医院急诊室就诊。这个数字还是一个保守的估计，因为只有少数包装造成的事故严重到需要前往医院。

英国的另一项研究显示，65 岁以上人群中，近一半儿的人很难打开塑料奶瓶和罐子等产品的盖子或瓶塞。然而，打开包装困难的问题并不仅限于老年人，在 40 岁以下的人群中，有 15% 的人也曾经遇到过类似的问题。

可以理解，公司总是致力于寻找降低包装成本的方法，但他们还应该考虑包装对营业收入的潜在影响。在被询问时，三分之一的老年受访者表示，难以打开的包装和糟糕的设计是最有可能阻止他们购买产品的因素。

不过，也有令人鼓舞的迹象表明，企业正在对老年人的手部灵巧性下降做出响应。金属包装技术公司 Crown 推出了

Orbit 瓶盖，设计初衷为所有年龄段的消费者都能轻松打开。本书作者对其进行了测试，证实了该公司所言不虚。

另一个例子是美国的钻石食品公司（Diamond Foods），它重新设计了旗下 Emerald 坚果零食系列的包装，以便适应老年人灵巧性下降的手部。侧面的凹陷使罐子拿起来更舒服，盖子上的凹槽使其更容易握住，盖子的螺纹圈数减少使其更容易拧开。仅在推出 7 年后，该品牌就取得了创纪录的销售业绩，在美国食品杂货渠道的带壳坚果类零食中占据了近 12% 的市场份额。

还有一些公司推出了"易开"包装设计，并利用这个特点来彰显其产品质量上乘。

也许最引人注目的提高包装品质的尝试是亚马逊试图推广的"无障碍包装"，其自我描述为"旨在缓解'包装狂怒'，即试图从几乎无从下手的包装中取出产品时遭遇的挫折感"。大多数老年人应该由衷希望所有公司都能帮助亚马逊实现这个目标。

2. 产品设计

一位老人在现代飞机上费力操作机上娱乐控制装置的情形，可以生动地展示与年龄相关的灵巧性问题所造成的困难。

很明显，在设计这些系统时，老龄友好并不是首要的考量，甚至不是次要的标准。同样的批评也可以适用于家中视听设备的遥控装置。

这类设备的尺寸、形状和材料都应该使之便于握持，不易掉落。按钮应该更大更凸出，当按钮被正确按下时，应该有触觉反馈。

奥秀（OXO）厨具品牌创立于 1989 年，当时品牌创始人因为其妻子患关节炎，手部灵巧性下降而在其产品上做出了改进。该公司的设计师开发了一种手柄设计，它不会旋转，而且在使用时尺寸足够大，不会因为压力分布在手部各处而导致手部扭伤。每个产品都有一个锥形孔，方便视力差或协调性差的人把器具悬挂起来。该系列产品如今被誉为通用设计的经典范例。自 1991 年以来，该公司每年业务增长 50%。

讽刺的是，到处都有人用的茶杯其实一点儿都不适合老年人使用。它需要使用者的中指承受所有内容物重量，然后用食指和拇指夹住杯柄。

相比之下，维宝（Villeroy and Boch）公司生产的咖啡杯，如图 7-3 所示，在各方面均采用了老龄友好的设计。宽大的椭圆形把手可以让使用者以更多的手部面积握住杯子，并将压力分散到食指上方更大的区域。

不幸的是，像奥秀和维宝的 Wave 咖啡杯这样，在产品中将时尚和老龄友好相融合的设计理念，可谓寥寥无几。

3. 零售

以下是手部灵巧性受损的老年消费者在零售店遇到的一些最明显的困难：

图 7-3　维宝的 Wave 咖啡杯

收银台的工作人员把硬币放在纸币上面，然后递给顾客。如果是把零钱直接放在柜台表面，那就更糟。工作人员应该学会先递纸币，然后把硬币直接放在顾客手里，让顾客更容易抓住它们。

设计糟糕的销售终端信用卡和借记卡设备，不仅难以握住使用，而且在弱光条件下也很难看清。

把很重的产品放在高架子上，顾客要够得着，还能抓得住。

制造商倾向于将多个产品组合成单一包装，通常还使用收缩膜包装，这让情况雪上加霜。

把小物件堆得太紧，会使它们难以抓牢。这种情况经常发生在香料罐等产品上。

使用球形把手，这对老年人来说很难抓握。

显然，对迎合老年客户手部灵巧性降低的相应产品和服务的需求正日益增长。商家提供这些产品也不乏经济动机，因为众所周知，糟糕的包装会对销售产生不利影响。

奥秀和维宝的例子表明，流行风尚和老龄友好设计并不相互排斥。

以下是任何有志于吸引那些有手部灵巧性问题的老年消费者惠顾的商家都应该考虑的一些普遍因素：

设计服装扣件时，采用更大的纽扣、扣孔和拉链，使其更容易抓住。

确保表盘、旋钮和开关足够大，间隔足够远，并给出可靠的触觉反馈。如果可能的话，提供额外的感官反应，例如听觉（蜂鸣声）和视觉（光线）。

特别注意那些需要较高手部灵巧性的精致物件。

考虑到产品的开箱以及从包装箱中取出物品所需的手指力量。

使产品形状和表面易于抓握，避免完全依赖握力的光滑直线表面。

公司的首要任务是确保其当前产品的设计考虑到手部灵巧性受损造成的身体限制。不过，在为这些遭遇身体问题的患者直接提供帮助的过程中也会涌现不少商机，例如下面提到的。

1. 治疗

手部锻炼设备，例如有助于锻炼和拉伸手部的治疗用电动手部按摩器可能会受到广泛欢迎。缓解双手不灵巧状况或对此加以防范的治疗和食品添加剂也可能受到青睐。食品店已经开始销售含有氨基葡萄糖的药片和凝胶。这是一种人体内天然存在的化合物，被认为有助于修复受损的关节软骨。

2. 辅助设备

患有重度关节炎的患者通常会佩戴手腕支架，以便防止手部受到进一步的伤害。然而，在应用创新思维，以便创造帮助人们维持正常手部活动而不仅仅是阻止其症状恶化的设备方面，相关例子却是乏善可陈。

例如，可以设计一个肩带，就像一个简单的吊带，它可以分担物体的重量，而不至于让人完全依赖手的握力。这可以用来携带购物袋或其他物品。类似的设备也可以在家庭环境中发挥作用，使吸尘器或吹叶机更容易操作。有一些表面具有超强可抓力的新材料，可以用来制作手套。

3. 技术

日本人相信，将制造机器人的技术用于制造帮助老年人居家生活的产品，将会有助于解决后者的许多生理衰老问题——失去手部灵巧性就是其中之一。到目前为止，成功的例子还很少。

手势控制和语音识别软件这两项技术已经从研究项目迅速转变为商业产品。微软的 Kinect 手势控制技术最初是作为该公司游戏产品的组成部分而开发的。不过很快人们就发现，用手势而不是触摸控制计算机的应用范围已经远远超出了游戏领域。微软现在正积极鼓励公司将这项技术应用到它们的产品中。

第三节　力量与衰老

需要客户走、提、推、拉、踏、踢、站或坐的动作都涉及肌肉力量。当这种力量下降时，它会影响一个人生活的方方面面。例如，下肢无力会导致摔倒和髋部骨折。上半身力量的减弱增加了从包装里取出新电视、组装家具等动作中发生事故的风险。

腰部肌肉的无力会导致椎间盘突出和慢性腰痛等问题。

随着年龄增长出现的肌肉体积和力量的丧失会导致疲劳、虚弱和对运动的耐受力降低。

了解肌肉力量丧失的原因和后果，有助于我们制定适应老年客户触点的最佳方法。

一、力量的科学解释

衰老会导致肌纤维的尺寸和数量减少。肌肉组织的替换更慢，且替换组织更硬，纤维更多。此外，神经系统的变化会导致肌肉松弛、收缩能力下降。

肌肉会随着年龄增长弱化的原因有四个：

肌少症——与年龄相关的肌肉萎缩。这个词来源于希腊语，意思是"肉的贫乏"。

久坐不动——虽然肌肉退化是一个自然过程，但是久坐不动的生活方式会加速这个过程。

与药物相关——某些药物，例如全身皮质类固醇（通常为患有哮喘或类风湿性关节炎或狼疮等炎症疾病患者开出），可能导致肌肉无力。

与疾病相关——这可能更难克服，特别是当它涉及神经损伤或肌肉本身的疾病时。

对于肌少症导致肌肉萎缩的原因，我们只有部分了解。其可能包括激发运动的神经细胞减少、某些激素浓度降低、身体合成蛋白质的能力降低。减少热量摄入的饮食变化也可能是一个因素。

肌肉萎缩开始于 40 岁左右，从 50 岁至 70 岁，肌肉力量每 10 年下降 15%。研究人员的共识是，大约 30% 的 60 岁以上者和一半儿的 80 岁以上者都遭受过肌少症带来的肌肉萎缩。

在没有身体运动的情况下，我们很少使用肌肉力量。一个更重要的因素是"肌力"，这是肌肉力量和动作速度的结合，是在爬楼梯、从椅子上站起来、上公共汽车和从浴缸里出来等动态活动中所需要的。肌力比肌肉绝对力量下降得更快。

肌力的三个维度可以帮助我们了解其如何随着年龄的增长而衰退，以及男女之间的差异：

爆发力/体重比。当这个指标低于临界水平时，有些人会踏不上 30 厘米的台阶，不到三分之一的人能踏上 50 厘米的台阶。

伸膝力量/体重比。要想在不用手臂的情况下轻松从低矮的椅子上站起来，伸直膝盖所需的临界力量水平相当于体重

的 35%。

有氧运动能力 / 体重比。当这个指标低于一个临界水平时，以每小时 5 千米左右的速度在平地上行走就会让人产生不适。

如表 7-3 所示为年龄在 50 至 70 岁人群中，肌力未达到执行三项测试所需的临界水平者的百分比。正如预期的那样，无法达到这些临界水平者的比例随着年龄的增长而增加，但女性的增长速度要比男性快得多。

表 7-3　老年人肌力阈值

测试	50~74 岁低于临界水平的百分比（%）	
	男性	女性
爆发力 / 体重比	7	28
伸膝力量 / 体重比	2	14
有氧运动能力 / 体重比	9	38

除了肌力的丧失，年老的消费者还会遭受耐力下降的痛苦，后者是指持续长时间身体活动的能力。如果肌肉没有得到足够的氧气，结果就会导致疲劳和呼吸困难。在这种情况下，人们会放慢速度或停下来休息，让肌肉的氧气供应得到恢复。对于那些要求客户行走和站立的行业来说，有一点是显而易见的，就是需要提供足够的座位。

二、谁会受到影响

如表 7-3 所示，肌力随着年龄的增长而下降，对女性的影响比男性更大。肌肉力量的另一个方面是上半身的肌肉力量及其对推、拉、转体和左右手抓握的影响。研究发现，22 岁到 55 岁，上半身力量不会出现明显的下降。然而，55 岁以后，上半身力量会随着年龄的增长而稳步下降。

表 7-4 通过与 20~30 岁年龄段的力量比较，显示了四个年龄段的力量丧失情况。

表 7-4　对比 20~30 岁成年人的上肢力量丧失情况

年龄（岁）	力量丧失情况（%）
50~59	9
60~69	18
70~79	30
80 以上	40

肌少症对不同种族有不同的影响。美国老年病学协会进行的研究表明，在 60 岁以上人群中，白人的肌少症患病率高于黑人。

有许多研究表明，锻炼对健康、长寿和肌肉力量都有好处。很难证实这些说法的有效性，因为相关研究往往没有经过同行评审，而且来自小样本研究。然而，学术文献不厌其烦地强调体育锻炼的好处，正如以下这句话所总结的那样。

越来越多的研究支持这样一种观点：体育锻炼是一种生活方式的影响因素，其可能会在一生的跨度中实现身心健康的提升。

另外，缺乏锻炼，尤其是缺乏让肌肉处于压力状态的锻炼，被认为是导致肌少症的一个重要风险因素。不运动的人与保持运动的人相比，肌肉萎缩更快更严重。这是一个令人担忧的结论。因为肥胖导致了体育锻炼的减少，这个话题将在本章的"体重与衰老"一节中讨论。

三、对触点的影响

衰老导致的力量丧失对四组触点很重要：

通道。

休息区域。

选址。

递送。

1. 通道

虽然这本书的重点聚焦于采用对老龄友好的商业实践所能把握的机遇，但是公司也必须考虑到因为老龄化所产生的风险而带来的责任。

老年顾客最可能发生的意外是摔倒——肌少症是导致摔倒的原因之一。

通过对美国律师网站的粗略研究，我们掌握了相关事故的原因细节，这些事故均以人身伤害起诉成功获得受理。导致顾客摔倒的原因有以下几点：

地板湿滑。

地板不平。

楼梯未照亮。

人行道缺陷。

坑洞未标明。

物品堵住通道。

当然，所有年龄的人都可能摔倒，但这种可能性和由此造成伤害的后果都随着年龄的增长而加剧。

来自澳大利亚的数据可以作为针对这个问题的一个衡量依据。2008 年，澳大利亚 65 岁及以上人群中有近 8 万例因为摔倒而住院的受伤病例，其中大多数为女性。

2. 休息区域

儿童游乐区和照看设施在许多零售店已经很常见，但和年长的父母而不是孩子一起购物的人也越来越多。

零售公司需要开始考虑如何应对其客户体力的变化，尤其是在那些老年人密度较高的地区。

一个明显需要考虑的设施是休息区域的提供。大型超市和百货公司的自助餐厅可能已经满足了这个要求。

无论是开辟专用休息区还是使用现有空间，一个重要的考虑因素是座椅设计。无靠背座椅可能很美观，但并不是老龄友好的。应该在选择座椅时考虑到年龄较大的顾客的力量限制。

例如，老年人专用座椅的椅背高度可以是普通座椅的两倍。最重要的是，座椅应该有扶手，可以提供支撑，帮助人们

入座或起身。

3. 选址

对于年纪较大的购物者来说，商店的位置和从公共交通和停车场前往商店时的可达性将成为越来越重要的因素。

进入一家商店的总步行距离是本书作者在确定一家零售店的老龄友好性时使用的评判因素之一。

在商店里，可以采取一些措施将肌肉力量下降带来的困难降到最低，比如确保购物手推车可以灵活操作以及把老年顾客最需要的商品放在商店的最前面。

4. 递送

老年人经常声称，购物行为不仅是一项购买物品的必要任务，也是一次离家结识朋友的机会。零售商应该尽量减少那些需要体力的购物任务，让老年顾客在无须应对体力挑战的情况下保持积极的购物体验。

最显而易见的方法之一是将购物与携带商品的身体行为区分开来。解决这个问题有很多方法。

日本的超市通常配备更小、更轻的购物手推车，外观和功能都更像辅助行走车。大多数大型超市都提供商品打包和搬运到车上的帮助，然而，这些通常是按需收费服务，而非免费提供给客户。

随着越来越多的产品需要在家组装，老年人很可能愿意为递送、组装并确保商品正确安装和正常工作的一条龙服务付费。

这也连带解决了第六章中论及的认知衰老引起的产品组装问题。

2012 年，可口可乐公司首席执行官在接受 BBC 采访时表示，他的公司必须对塑造所有市场的大趋势做出回应。其中之一就是公司客户的老龄化，因此他预计送货上门将变得更加重要。

除了调整现有的产品和零售渠道以外，肌力丧失还在以下方面创造了新的商机：

运动。

治疗。

辅助配件。

1. 运动

本章前几节已经讨论了运动在帮助延缓和减轻衰老后果方面的重要性与价值。保持肌肉力量所需的锻炼方法应该包含较高比例的抗阻力训练[1]。由于摔倒通常被归因于腿部肌肉的弱化，能够锻炼腿部肌肉的抗阻力训练器械需求应该会出现增长。由于退休人员对他们的时间安排限制较少，所以健身房可以利用非高峰时间提供为前者量身定制的锻炼课程，将心肺功能训练和抗阻力训练相结合。

2. 治疗

旨在刺激肌肉蛋白质合成以便提高肌肉力量的产品，如今

---

[1] 又称为阻力训练或阻抗力训练，是以肌肉收缩对抗身体自重或器械重量所带来阻力的运动，旨在训练肌肉，常见项目包括俯卧撑、引体向上以及各种杠铃和哑铃的推举。——译者注

已经成为前沿消费者和领军制药公司大量研究与开发的主题。

雀巢、雅培和达能都在销售或研发含有对抗肌少症成分的产品。

消费者对这种疾病的认识不断提高，可能会促进其对这些产品的需求。

迄今为止，大部分针对肌少症治疗的努力和营销都集中在高龄老人身上。然而，随着人们对这种疾病影响的了解更为深入，治疗的重点将转移到年轻人身上。

对抗肌少症产品的销售主张范围很可能会从单纯的保持身体肌肉力量有所扩展，以便涵盖减少面部、颈部和手臂肌肉质感和外观损失的美容收益。

3. 辅助配件

老年人用徒步旅行者的登山杖当拐杖的情况并不少见。这些产品非常契合这项任务，但他们做这种选择也可能是为了避免老式拐杖带来的刻板印象。

不管叫什么名字，拐杖都能提供稳定性，减轻肌肉弱化对关节造成的压力。已经有迹象表明，高科技拐杖制造商正在从日益增多的老年消费者身上获益。

现在，人们可以买到带有 LED 手电和足下照明灯的拐杖，以便确保夜间行路安全。还有可以监测生命体征例如血压和心率的拐杖。你甚至可以买到整合了椅子和雨伞功能的拐杖。

对于那些想要保持积极生活方式的老年消费者来说，肌少症将被他们视为一项可以努力克服的挑战，具体方式便是通过锻炼和购买新产品，只要这些产品使他们保持像年轻时一样的身体功能。

第四节　体重与衰老

体重有随年龄增长而增加的趋势。2009 年向美国国会提交的一份题为《美国老年人肥胖问题》的报告强调了这一点。该报告提到了"美国正面临的肥胖流行病"。

这不仅是一个迫在眉睫的问题，而且貌似也会让未来负担加重。在全世界的发展中国家，肥胖率在 40 岁左右达到最高值。我们有理由认为，这些超重的 40 岁以上者在迈入 50 岁大关甚至变得更老时，会面临减肥的巨大困难，因为随着年龄的增长，人体新陈代谢会变慢。

再加上体形、体格和身高的变化等与年龄相关的其他因素，这对企业的影响是巨大的。老年人吃什么，吃多少，衣服的款式和尺码该如何选择，等等，这些方面都是机遇与挑战并存。

一、体重的科学解释

这一节的标题是"体重与衰老"。其指的是身体体形和重量发生的变化。而体重是决定是否需要对客户触点进行更改的主要因素。了解导致体重随年龄增长的科学原理，对于确定客户触点需要如何调试非常重要。

基础代谢率（BMR）是对身体能量使用的衡量标准，通常被解释为身体在每天静息状态下（包括睡眠时间）所需的最低热量水平。影响 BMR 的因素有性别、年龄、身高和体重。

衰老会导致 BMR 的下降。

造成这种下降的因素有很多，不过这些因素的相互作用和重要性尚未得到充分了解。我们所知的是，随着人们年龄的增长，其体内脂肪、瘦肉组织（肌肉和器官）、骨骼、水和其他物质的数量及分布均会发生变化。

BMR 下降的一个重要原因源自肌肉组织的高能量需求。正如前一节所讨论的，肌肉量随着年龄的增长而下降，对能量的需求亦如此。

总结一下，BMR 下降是一系列复杂的生理交互作用所致。因此除非老年人减少热量摄入或增加能量消耗（最好双管齐下），否则他们的体脂就会增加，体重当然也会。

全球公认的测量和比较体脂的标准是身体质量指数（BMI）。世界卫生组织对 BMI 的定义是：一个人的体重（千克）除以身高（米）的平方。例如，一个体重 70 千克、身高 1.75 米的成年人，其 BMI 为 22.9。

近年来，关于不同民族是否需要不同的推荐 BMI 的争论越来越多，在亚太国家中尤甚。例如，新加坡在 2005 年修订了其 BMI 推荐标准，因为研究表明，许多亚洲人口，包括新加坡人，与 BMI 相同的白种人相比，体脂比例更高，患心血管疾病和糖尿病的风险也更高。日本也有自己的 BMI 推荐标准。

如表 7-5 所示为世界卫生组织定义成年人为体重过轻、超重和肥胖的 BMI 水平。

表 7-5　WHO 根据 BMI 对成人体重过轻、超重和肥胖的国际分类

分类	BMI（kg/m^2）
体重过轻	<18.50
正常范围	18.50~24.99
超重	≥ 25.00
肥胖	≥ 30.00

BMI 测量作为确定最佳体重水平的有用方法，其准确性存在很多争议。这种方法可能低估了老年人和因为非年龄原因而丧失肌肉者的体脂。相反，又可能高估了健壮年轻人的体脂。然而，由于大多数关于衰老和老年人的研究都使用 BMI 作为衡量标准，因此有必要了解其意义和局限性。

另一个决定体重的因素是一个人的身高，这又是一个随年

龄变化的因素。所有种族和男女都有身高随年龄下降的趋势。

这是因为椎骨之间的椎间盘随着时间的推移会失去液态性并变平。由于肌肉质量丧失并弱化，特别是在腹部的肌肉变弱，会导致体态姿势的改变，结果造成弯腰。甚至足弓在年老时也会稍微变平，使身高降低几毫米。

人们在 40 岁以后，通常每 10 年就会矮 1 厘米。70 岁以后，身高下降更严重。一些报告表明，在成年期，人们的身高可能一共会下降 2~8 厘米。

二、谁会受到影响

如表 7–6 所示为美洲和东南亚超重与肥胖人数的规模。

表 7-6　美洲和东南亚超重与肥胖的盛行率

地区	男性和女性超重和肥胖的盛行率（%）	
	超重	肥胖
美洲	62	26
东南亚	14	3

在欧洲、东地中海和美洲，50% 以上的女性超重。在这三个地区的超重女性中大约有一半儿是肥胖级别。

从这些数据中可以得出一个简单的结论——所有发达国家的人都太胖了。

除非人们在饮食和运动习惯上有根本性的改变，否则估计到 2025 年，美国的肥胖水平将高达 45%~50%，澳大利亚和英国则将高达 30%~40%。

2008 年在 27 个欧洲国家进行的一项研究表明，以体重指数（BMI）衡量，45~59 岁的成年人超重或肥胖的发生率最高。

老年人身上出现 BMI 极端值（高或低）预示着随着年龄的增长，他们可能会出现总体健康和运动方面的问题。

还有一个行为因素导致了老年人肥胖人数的增加。一个人越是超重，就越难达到降低 BMI 所需的运动水平。这就形成了一个危险的体重增加负反馈循环，让人更难保持运动习惯，进而导致体重继续增加。

大多数研究表明，在发达国家，社会经济水平较低的群体中肥胖水平较高。而在发展中国家，这种关系正好相反。从农村向城市的生活转变与肥胖水平的增加有关，这是生活方式的巨大变化导致的。

肥胖不仅影响老年人的健康，也影响他们的日常生活。与不肥胖者相比，肥胖的老年人有更多的活动受限，以及更多的悲伤和绝望感。

人们很容易忽视关于肥胖及其对老年人影响的事实和数据。2005 年，在纽约州的乔治湖上，一艘载有 47 名老年人的观光船倾覆，造成 20 名乘客死亡。该事故将老年人体重增加和身体不灵活可能造成的悲剧性后果推上了新闻焦点。事故报告称，老年乘客的体重过重是造成灾难的一个因素，因为许多人无法找到并穿上救生衣，从船上撤离。

自事故发生以来，海岸警卫队将每位乘客的平均体重假设提高了 33%。

三、对触点的影响

随着人们年龄的增长，他们体重、体形和身高的变化会影响他们购买的商品和购买的方式。

超重的老年消费者将不得不应对一系列问题。如果客户超重，那么其柔韧性和力量的下降将会加剧。对触点加以调适的需求在关于灵巧性和力量的章节中已经做过详细说明，而对于超重的消费者而言，这一点变得更加重要。

超市过道、酒店浴室、汽车内饰和航空公司座椅的尺寸都需要调整，以便适应客户变化的体形。

空中客车公司似乎已经预料到这个要求，因为它现在开始为购买其 A320 客机的美国航空公司提供超重乘客用的超宽座椅。飞机的座位布局中，在单通道的两侧布置了两个 50 厘米的座位，而不是三个 45 厘米的座位。有趣的问题是，航空公司是否会对这种设施收费？还是说他们不得不接受事实，即随着客户体形的变化，他们提供的产品也得做出改变。

有三个领域的业务应该会受益于老年人日趋肥胖的结果和他们保持健康体重的愿望：

服装。

鞋类。

体重控制。

1. 服装

当前已经存在一个为超重者提供特大码（XX）和超大码（XXX）衣物的市场。服装设计师们反应迟缓之处在于，他们设计服装时还需要考虑到那些并未超重的老年消费者的身材自然发生的变化。

每当我们对老年女性进行焦点小组调查时，一个反复出现的抱怨就是，适合她们年龄和身材的服装选择太有限。

玛莎百货聘请了 62 岁的前模特崔姬（Twiggy）作为其年龄中性广告活动的一部分。但这只是一个例外，而不是业界的通行做法。

顾客的体形和服装之间的不匹配对男女两性都有影响。在婴儿潮一代中，赶时髦的男性数量远远多于前几代人。不过无论这个群体进行多少运动和节食，他们都不会拥有和他们的儿子辈一样的体形。

2. 鞋类

通过改变对脚和脚踝的感觉反馈，以及改变鞋与地面接触的摩擦条件，鞋能够影响穿着者的平衡，减少其滑倒、绊倒和摔倒的风险。

鞋的设计——例如鞋领高度、鞋底硬度、鞋底花纹和鞋跟儿的几何形状——都会影响平衡和步态。老年人的脚有变宽的趋势，足弓的支撑力会减弱。

　　如果他们能够挑选顾及所有这些衰老效应的鞋进行穿着，则不仅能提高其足部舒适度，还有助于减少其因为脚部位置不正确而导致的膝关节和髋关节问题的发生。

　　老年人经常穿运动鞋，是因为它们提供了较厚的缓冲。但毫无疑问，这种鞋彰显的年轻动感形象也是一个推动因素。

　　到目前为止，似乎还没有哪一家主要的运动和时尚鞋类供应商对这个看似显而易见的客户需求做出回应。

3. 体重控制

　　帮助老年人控制体重既是一种社会责任，也是获得可观收入的机会。据估计，美国的减肥市场规模已经达到 600 亿美元。

　　客户控制体重的愿望带来了三种商机。尽管以下许多产品已经可以在市场购得，但如果能通过创新来对这些产品加以改进和扩展，那么仍然有望创造大量商机。

　　（1）食品

　　低卡路里、高蛋白的食物以及专门提供这些食物的餐厅。

　　控制食物分量（更少）。

　　在菜单和标签上明确营养（热量）指标。可以与糖和盐含量数据结合起来。

　　更有吸引力的低热量零食。可以与对抗肌少症的食品添加剂结合起来。

　　（2）运动

　　低成本的家用燃脂运动器械。

健身器材供应商和健身房可以利用老年人（尤其是男性）的竞争本能来提高他们的健身水平。划船机制造商 Concept2 举办的比赛中，年龄最大的组别是 90 岁以上组。

品牌赞助比赛的目的是提高老年人的健康水平，致力于让人们看到该品牌与老年顾客团结一致，共同对抗体重增加趋势。

零售商提供顾客所购买食物的总热量的详细信息及其对运动水平的影响。

（3）设备

测量 BMI 的称重秤。

移动设备上经过年龄校准的热量和 BMI 测量 App。

使用二维码，让人们更容易看到食物的热量和糖盐含量。

以上任何一种产品的成功都需要老年消费者意识到与体重增加相关的健康问题，并有动力想要控制自身体重。

我们与老年消费者打交道的经验表明，其中大约有四分之一的人已经意识到了这一点，并有动力切换成更健康的生活方式。另外四分之一的人既无此意识，也无意改变他们的锻炼和饮食习惯。剩下的人则在两可之间，可以加以争取。

第五节　泌尿问题与衰老

2011 年，日本最大的纸尿裤制造商报告称，其面向日本老年人的产品销量首次超过了面向婴儿的产品。这不仅凸显了日本社会的"超老龄化"，还揭示出老年人大小便失禁的普遍现象。

尿失禁是一种诊断和报告均不足的疾病，有着重大的经济和社会心理影响。

随着人们年龄的增长，膀胱和肠道问题变得越来越普遍。泌尿系统效率降低，药物服用增加排尿频率，干扰消化功能。再加上行动不便使年迈体弱者很难及时赶到厕所。

在衰老的所有影响中，尿失禁仍然是一个社会禁忌。

即使在相对开放的社会中，这样的困难也很少被讨论。

与衰老的其他影响一样，尿失禁同样带来了两种商业上的后果：第一，它需要对少量客户触点进行更改；第二，它创造了商机。

一、泌尿问题的科学解释

一些人认为尿失禁不是衰老的自然结果，而只是碰巧在老年人中更常见的状况之一。无论哪一种观点是正确的，尿失禁的发生都是由一系列身体变化引起的：

调节膀胱的肌肉无力。

膀胱肌肉变得过度活跃，毫无征兆地收紧和放松。

控制膀胱的神经会因为衰老或疾病而受损。

男性前列腺肥大。

糖尿病。

因为其他疾病而服用药物的副作用。

尿失禁有很多种类型，但有两种类型占了 90% 的发生率。

压力性尿失禁——当膀胱充满尿液时，膀胱的压力大于尿道保持其闭合的力量。对男性来说，切除前列腺会导致应激性尿失禁。据了解，压力性尿失禁约占全球尿失禁病例的一半儿。

急迫性尿失禁——可能伴随着膀胱过度活跃综合征，这种情况导致急需排尿，通常是在夜间。

二、谁会受到影响

虽然尿失禁并不限于老年人，但是这种情况的发生率肯定会随着年龄的增长而增加。

来自澳大利亚的数据，如图 7-4 所示，揭示了尿失禁发病率随年龄和性别的变化趋势。

尽管切除前列腺可能会提高男性晚年患尿失禁的风险，但是 70 多岁男性出现严重尿失禁的概率仍然只有同年龄女性的一半儿左右。

在每个年龄段中，女性都更容易患尿失禁。在较年轻年龄段中，两性尿失禁发生率的显著差异主要原因是尿失禁与分娩和绝经之间的联系。

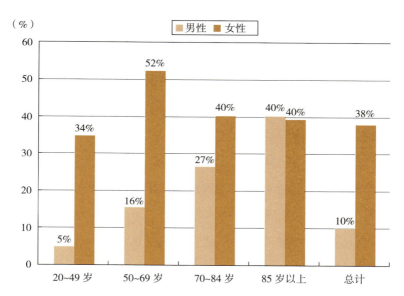

图 7-4　澳大利亚按年龄和性别划分尿失禁人群的报告

三、对触点的影响

最明显的影响是对厕所的需求增加，还包括提高标识的辨识度，使厕所更容易找到。

尽管排泄是一种自然的身体功能，但是无论年龄大小，向别人询问厕所的位置仍然会让人感到尴尬。对于那些不想让别人知道自己大小便失禁的老年人来说，这可能更加困难。

正常的排尿频率为 24 小时内 6~7 次，老年人排尿频率更高，特别是患有尿失禁者。所以，在耗时几个小时的正常购物旅程中，老年人很有可能需要去几次厕所。

零售商和其他希望顾客长时间待在店内的行业，需要评估它们是否提供了足够的厕所，以及厕所是否容易找到。

在英国进行的一项针对老年人的研究着眼于了解公共厕所最让这些老年人担心的问题是什么。他们的回答为提供厕所设施的公司给出了一些有用的见解。

最令人关切的事项是：

路程——要走多远才能到达？对于行动不便的老年人来说，这就成了一个问题。

位置——容易找到吗？这包括厕所标识和用来代表男女性图标的可见性。

供应——男女厕所位是否足够？《国际建筑规范》要求男女厕所位比例为 1 ： 2。女性经常抱怨厕所设施不足。

卫生——厕所干净吗？厕所的卫生状况直接反映了公司的经营状况。

关于老年人和失能残疾人之间身体状况的相似之处，在本书中已经有过讨论。在大多数国家，都由法律规定必须提供残疾人专用厕所，这引发了一个有趣的问题——一个有尿失禁的老年人能被定为失能吗？目前，患有尿失禁的健康老年人可能觉得自己并无权利使用标记为残疾人专用的厕所，如果要加以使用，就会让他们颇感惶恐。也许我们可以重新指定残疾人设施用途，以便使残疾人和老年人均可使用。

尿失禁发病率增加带来的最明显的商机，就是发明新的

药物和治疗方法来缓解病情。

不过，在医学能够根治尿失禁之前，一类最大限度地减少其影响的产品，即纸尿裤，将有一个蓬勃发展的市场。

不少全球公司，例如拥有得伴（Depend）系列产品的金佰利（Kimberly–Clark）和拥有添宁（TENA）系列产品的爱生雅（Svenska Cellulosa Aktiebolaget），都运用复杂的营销技巧努力消除尿失禁的耻辱感。他们的营销目标是证明尿失禁对很大比例的人口和所有类型人士都有影响，包括年轻人和老年人。

为了使产品更容易被接受，得伴产品的包装看起来更像一包标准内衣。添宁加拿大子公司举办了一场名为"和添宁一起用笑消除恐惧"的比赛，目的是让目标市场对象更了解这种病症并参与进来。

随着老年人数量的增加，对这些产品的需求也会水涨船高。消除使用纸尿裤带来的耻辱感将会令一批患有尿失禁但从未使用过纸尿裤的老年人摆脱束缚。

目前看来，这个市场足够大，足以容纳那些为产品命名、设计和营销等方面带来更多创新的新进入者。

第六节　身体衰老带来的次要问题

上述所有身体变化都创造了新的商机，并对公司的客户触点产生了影响。

还有其他一些与年龄相关的身体变化，这些变化对客户触点没有影响，但会带来新的产品和服务机会。这包括消化系统、头发和皮肤的变化，以及更年期和性行为变化的影响。

本章的剩余部分将简要描述这些身体变化，并强调可能由此催生的新产品机会。

值得注意的是，还有另一层生理变化会影响人体的主要器官——肾脏、肝脏、心脏等。这些带来了老年药物产品的巨大市场，不过这超出了本书的范围。

一、消化

在最温和的情况下，调节食物流入胃的肌肉变弱会导致消化不良或"烧心"。它也会导致更严重的问题。消化不良会导致便秘和痔疮，甚至会造成营养不良。

和身体其他部位一样，消化系统内新细胞的生长速度随着年龄下降，组织也更容易受到损伤。

肌肉力量的丧失很可能会减缓食物在消化系统中的移动，胃壁弹性的降低也会影响胃能容纳的食物量。最后，用来消化食物的胃液对胃黏膜的损害会加大。

这些变化叠加在一起会导致多种身体问题。老年人更有可能出现腹胀和胃痛。随着消化系统吸收营养能力的下降，老年人可能会缺乏钙、叶酸和铁。最后，消化道肌肉的弱化会导致便秘和痔疮。

这些令人不快的疾病并非不可避免。对许多人来说，正常的消化和营养吸收过程可以持续到极大年龄。

食品制造商可以设计出新产品，为老年人提供最佳营养组合。这些产品可以满足不同性别和年龄群体的特殊需求。关于老年人饮食中应该包括的食物种类和营养成分方面的研究并不少见。

同样的营养数据也可以被餐馆和补充剂制造商用来改变它们生产的食物和产品。

超市和食品制造商可以扩展小份或单份食品系列的生产。独居或食欲下降的老年人经常抱怨，除了两人份或一个家庭用的包装，很难买到其他分量的食物。在创造出满足老年人营养需求的膳食，并将其按照可以食用几天或更小的分量进行分装这个领域，仍然大有机遇。

长期以来，制药商和保健食品制造商一直在为烧心、便秘、痔疮和胃痛等胃肠道疾病患者生产产品。

我们有机会为老年人的消化系统专门设计出药片、液体或喷雾形式的产品，或其他一些老龄友好的给药机制。

二、头发

头发的外观被认为是衰老过程中最有力和最早出现的线索之一，无论是对我们自己还是对他人都是如此。对很多人来说，第一根白发或秃头的迹象，以及皮肤上初现皱纹和色斑，都意味着衰老的开始。这可能会引发人们延缓衰老产品的终生需求。

宝洁公司进行了已知规模最大的纵向研究之一，以便了解头发随年龄变化的情况。研究人员对200多名年龄从婴儿到88岁不等的女性头发特征进行了4~8年的跟踪调查。宝洁公司的研究人员证明，随着女性年龄的增长，她们的头发在以下方面会发生变化：

纤维直径。

拉伸性。

表面质地。

头发灰度。

单根头发可以存活四五年，在这段时间里它会遭受巨大的磨损，使它更容易断裂，外观更粗糙。考虑到头发平均每月生长略小于1厘米的长度，30厘米长的头发已经经历了近3年的紫外线照射、梳理摩擦、吹风机加热以及染发、烫发或拉直过程中可能接触到的化学物质。

头发为什么会变白，对此我们还不完全清楚。白种人的头发通常在30岁出头开始变白，而肤色较深的人种通常要晚10年。其何时开始在很大的程度上是由基因决定的。人们常说，到50岁时，50%的人有50%的白发。

头发变白和丧失质感是令人烦恼的，但与脱发带来的痛苦相比却不可同日而语，脱发的学名叫"秃发症"。

雄激素型脱发是一种对男性和女性均有影响的遗传性疾病。多达 70% 的男性患有所谓的"男性型秃顶"。据了解，由于激素水平变化，这些男性的毛囊长出的头发更细小、更不明显。

随着年龄的增长，由于激素水平变化、维生素缺乏或基因组成原因，女性也可能会出现头发稀疏的情况。

围绕头发衰老状况，美国已经建立起了数十亿美元的业务。它们包括改变头发颜色、质地和外观的产品，还有各种声称可以延缓和逆转脱发，"重新种植"头发，以及使用合成材料模拟头发的产品与服务。

延缓和逆转头发衰老效应的产品及服务市场可以说是所有与生理衰老相关的市场中最成熟的。它可能与抗衰老皮肤产品市场同处领军地位。

由于联合利华、欧莱雅和宝洁这种规模的公司都参与了这个市场，不太可能还有尚未被发现甚至尚未转化为产品的全新产品机会。

老年美发产品的最大机遇并不源于具有全新配方的新产品，而是源于向老年人展示和提供产品的方式。

浏览一下各大护发品牌的网站就会发现，它们都试图将产品定位为中性的。在大多数情况下，这个定位是值得称道的，但我们也有机会去创造筒仓产品——专门为 60 岁或 70 岁者定制，而非只关注适合所有年龄段的产品。

当然，公司如果能够开发出一种阻止或减缓秃顶过程的产品，自然是前途无量。

三、皮肤

和头发一样，皮肤的外观是一个人年龄的可见指标，这就解释了消费者和供应各种抗衰老皮肤产品的公司对其如此关切的原因。

皮肤是人体最大的器官，占身体总重量的15%~20%，是保护器官、骨骼、肌肉和软组织免受环境有害物质伤害的屏障。它的另一个作用是隔离和调节体温以及失水率。

衰老会通过多种方式改变皮肤和皮下组织。以下是对这些影响的极简表述：

更透明。

更易遭受损伤。

紧实度降低，出现松弛。

更干燥，易过敏。

出现皱纹。

皮肤的许多变化是不可控的，但有两大因素是我们可以影响的，即质地和外观。

吸烟者与同年龄、同肤色的不吸烟者相比，皱纹更多。

太阳的紫外线会损害皮肤，导致皮肤松弛、拉长并失去弹性。据了解，在通常归因于衰老的皮肤可见变化中，有90%可以归咎于无保护措施的暴晒。

日晒除了造成外表损伤，还会带来其他病痛。据认为，活到 65 岁的美国人中至少 40% 会患一次皮肤癌——通常是日晒的结果。

皮肤老化的速度和程度在很大的程度上取决于一个人的种族。

行业分析人士预测，未来抗衰老产品的全球市场将增长到 3000 亿美元以上，主要由老年消费者推动。

这包括所有类型的抗衰老产品和服务，但其中相当大一部分支出将用于维持皮肤外观的产品。

有很多药剂、面霜、疗法和护理都声称能让皮肤看起来更年轻。有一些治疗方法可以让肤色变浅，老年人可用以去除阳光损伤造成的深色斑块。

也有一些治疗方法则可以使肤色变深，老年人可用它来减轻自然发生的皮肤变白。也许最受欢迎的抗衰老疗法是注射肉毒杆菌等消除皱纹的药物，它们可以抑制面部肌肉收缩，从而使皱纹松弛和软化。这让皮肤获得了暂时的光滑外观。

老年人想要保持年轻容颜和肤色的愿望，已经鼓励公司生产出大量产品和治疗方法，从简单的乳液到侵入性整容手术不一而足。

在减少过度暴露在阳光下所造成损害的产品方面，应该有更多的创新空间，因为过度暴晒作为导致皮肤老化的原因之一，在很大的程度上是可以避免的。提供紫外线防护的产品，例如轻型多用途紫外线屏蔽罩、帽子、面罩以及服装。

就像针对头发老化的产品一样，大多数护肤品的定位都是为了吸引所有年龄段的对象。Elixir Prior 系列护肤品的日本供应商资生堂（Shiseido）则采取了不同的策略，将目标客户定位于 60 岁以上的女性。据日经网（Nikkei Net）报道，2007年，针对 60 岁以上女性的日本美容市场占总市场的 19%，较前一年攀升了 104%。使用这种筒仓法，对许多老年女性和部分老年男性将更有针对性。

无论采取何种营销策略，帮助老年人延缓衰老对皮肤影响的产品和服务的需求似乎都将蓬勃发展。

四、更年期

更年期是所有女性随着年龄增长都会经历的正常状况。"绝经"一词指的是女性经历的最后一个月经期，标志着她生育期的结束。

根据美国国家老龄研究所的数据，女性最后一次月经的平均年龄是 51 岁。这个年龄可能因不同人而有很大的差异，女性早至 30 多岁迟至 60 多岁发生都有可能。更年期的症状可能持续数月或数年。

当女性雌激素和孕酮水平下降，身体停止生产卵子时，就会出现更年期。激素水平变化的结果是，女性会遭遇阴道和泌尿系统问题、睡眠模式紊乱和性冲动的改变——有积极的也有消极的。

也许绝经最常见的症状是潮热，也被称为热潮红，当大脑认为身体过热时会出现此症状，在面部和颈部感受最严重。这些潮热也会在睡眠时发生，导致"夜间盗汗"。更年期还可能伴随记忆问题、情绪波动以及关节和肌肉僵硬疼痛。

对营销者来说，更年期女性体温和体形的变化尤为重要。这些都会影响其对穿衣款式、尺码和面料的选择。除了让人突然感到发热之外，雌激素分泌的减少还会使臀部、髋部和大腿的脂肪重新分布到腰部或腹部。

日间和夜间不时发生的"潮热"使更年期女性需要轻便和吸汗性强的衣服。一些公司正在满足这个需求，例如 Cool Jams 和 Dry Dreams。不过似乎没有任何一家大型服装供应商试图针对这种产品需求进行满足。

女性在选择缓解更年期影响的治疗方法时往往处于困难的境地。

在美国，大多数妇科医生仍然建议女性使用激素替代疗法[①]，即使这可能有健康风险。

女性的另一个选择是服用处方或非处方的生物同一性激素治疗，有时被称为"自然激素疗法"。越来越多的证据表明，

[①] 当机体因为年龄或疾病等原因缺乏性激素，并由此发生或将会发生健康问题时，通过外源给予具有性激素活性的药物，以便纠正与性激素不足有关的健康问题的一种医疗措施。——译者注

这些药物与激素替代疗法存在同样的安全问题，却可能没有带来同样的益处。唯一的其他选择是使用非传统疗法，例如黑升麻或红花苜蓿等草药，尽管几乎没有证据表明它们有效。简言之，并没有既有效又无风险的治疗方法。

金佰利旗下有一系列蓓姿品牌的护垫和衬垫，旨在帮助女性应对更年期症状。该产品计划得到了相应活动的支持，"第二次谈话"活动致力于通过激发女性之间的对话来消除与更年期有关的耻辱感。其他任何能为更年期症状创造出安全有效疗法的公司都将拥有巨大的市场机会。

五、性的变化

睾酮水平下降被认为是男性随着年龄增长而患勃起功能障碍的主要原因。对于这种下降是年龄增长的自然结果，还是只是在老年男性身上更常发生的现象，这个问题可谓备受争议。已知心脏病、高血压和糖尿病是导致勃起功能障碍的其他原因。

不管是什么原因，很多男人都患有勃起功能障碍。一项针对美国 50 岁以上男性的研究发现，三分之一的男性在过去 3 个月报告遇到过勃起功能障碍。

一些与年龄相关的疾病，例如关节炎引起的关节疼痛，或其他骨骼和肌肉疾病，会使老年人的性行为产生不适。

除了与性相关的生理因素，还有一个更广泛的问题，即

老年人的人际关系会如何改变，这又会如何影响他们的性生活。这些变化可能与性的生理方面有关，也可能是由他们的孩子离家或其退休后生活模式的改变引发的。这可能只是因为老年人意识到"光阴不等人"。如果一段关系虽然可以忍受但却令人不满意，那么留给他们开始一段新关系的时间已经不多了。

不管出于什么原因，老年人的离婚率正在上升。美国的一项研究显示，从 1990 年到 2009 年，50 岁及以上成年人的离婚率翻了一番。2009 年约有四分之一的离婚者年龄在 50 岁及以上，而 1990 年这个比例仅为约十分之一。老年人离婚增长的趋势在英国、日本和澳大利亚也如出一辙。

越来越多的老年人离婚，导致他们对在线交友服务的需求激增。

55 岁以上人群是美国在线交友网站用户中增长最快的年龄段，他们已经占了总客户的约 25%。英国、澳大利亚和加拿大的情况也类似。

随着越来越多紧跟科技潮流的老年人想要结识新朋友，这将进一步扩大老年人交友行业。除了网络空间，这还将创造对实体场所的需求，比如主题音乐酒吧，以及在熟悉的环境中进行社交和娱乐的其他场所，例如主打 20 世纪 70 年代和 80 年代经典摇滚音乐的酒吧——这些场所已经开始在美国涌现。

寻找交友和性的单身老年人数量增加的另一个内涵是，它创造了对一类产品的需求，即抗勃起功能障碍产品。而且这种需求不仅局限于新单身者，还包括那些已经建立长期恋爱关系的男性。

睾酮疗法的全球年销售额已经达到约 12 亿美元。仅美国就占了其中 10 亿美元的销售额，而且该市场正以每年 20% 的速度增长。

2010 年，男性勃起功能障碍治疗药物的全球年销售额超过 42 亿美元，其中包括伟哥、希力士和立威大等品牌。

在老年男性数量不断增加的驱动下，这两个市场似乎都将继续增长。

新单身老年人数量增加带来的一个隐忧是，50 岁以上人群中性传播疾病的发病率上升。最新数据表明，在美国、英国和加拿大，这个年龄组接受这些疾病治疗的人数增加最多。

老年人可能比年轻人更容易感染性传播疾病。原因包括缺乏定期筛查、绝经后阴道变化和不太有效的免疫系统。但最有可能的原因是，在长期与固定伴侣性交时，他们缺乏使用避孕套的习惯。老年人日益增长的相关需求和对其加以"教导"的需要，似乎为避孕药具供应商提供了许多营销机会。

第七节　身体衰老的商业影响

人体衰老的自然过程创造了巨大的市场，这一点本章已经讨论过。制药公司已经开始将注意力集中在开发对各种形式

的身体衰老影响加以延缓或治疗的疗法上。这些产品的市场正在经历发展变化，但其未来可期。

身体衰老对其他行业的影响尚不明确，但通过更好地了解老年人身体的生理功能，公司可以创建新品牌或改造现有品牌，以便从客户这个不可避免的变化中获利。

随着老年人越来越渴望延续自身柔韧性和力量的自然下降，管理好自己的体重和整体有氧状况，健身行业似乎将迎来蓬勃发展。食品公司在满足老年人对正确种类和数量的食物需求方面也同样大有可为。

无论在哪个行业，能够成功把握数百万老年人身体变化的公司都有机会创造新的收益，并赢得客户的忠诚度。

与身体衰老带来的新商机一样重要的是，公司需要确保其客户触点适应这些身体变化。

正如前面所讨论的，营销传播必须考虑到老年人的手部在拿取销售宣传资料时的灵巧性下降，以及他们使用台式电脑、平板电脑和移动电话的需求。产品设计的所有方面都必须迎合老年人在弯腰、行走、握持、抓取等方面的困难。

得伴品牌的纸尿裤的例子生动地表明，公司有必要了解那些正尝试接受自己变老现实的成年人的情感和实际需求。

要营造老年人想要并且能够在其中购物的零售环境，就需要重新评估这些环境的设计、员工的态度和技能。零售触点一直是一个贯穿本章的共同主线，这些触点正是老年人衰老的身体在实施日常购物时所遭遇的挑战之处。

表 7-7 中的矩阵展示了将受身体衰老影响的市场营销和运营活动的跨度。

表 7-7　成功与否依赖于客户身体有效运作的营销和运营活动

营销与运营活动		柔韧性	手部灵巧性	力量	体形	泌尿
营销传播	直接邮件					
	销售宣传资料					
	网站					
	移动客户端					
	App					
产品	组装					
	设计					
	包装					
零售	标识					
	布景					

本章小结

衰老对组成人体的 11 个器官系统和大约 100 万亿个细胞的影响，与认知和感官衰老同样重要，其造成了人们外表、感觉和行为方式的转变。有一些既影响客户触点，又带来新商机的身体衰老类型：

柔韧性。

手部灵巧性。

力量。

体形。

泌尿问题。

身体衰老的一些效应并不会影响触点，但会带来新的商机：

消化。

头发。

皮肤。

更年期。

性的变化。

大多数老年人都受到身体衰老的一种或多种影响。在过去的 15 年里，骨关节炎和其他影响柔韧性的风湿病是导致美国成年人失能的最常见原因。肌肉萎缩开始于 40 岁左右，从 50 岁至 70 岁，肌肉力量每 10 年下降 15%。在身体衰老的程度和开始时间上，性别和种族的差异很小，这是一种随着年龄增长而逐步加重的普遍状况。

身体衰老会影响到营销传播和在线渠道的触点。受影响最大的是产品。超重的老年消费者将不得不应对一系列问题。如果客户超重，那么其柔韧性和力量的下降将会加剧。

无论在哪个行业，能够成功把握数百万老年人身体变化的公司都有机会创造新的收益，并赢得客户忠诚度。人体衰老的自然过程创造了巨大的市场。例如，制药公司已经开始将注意力集中在开发对各种形式的身体衰老影响加以延缓或治疗的疗法上。

第八章

"老龄友好"的含义

CHAPTER 8

人口老龄化是前所未有的，是人类历史上未有先例的进程。

——联合国

我们生活在一个由年轻人设计、为年轻人服务的世界之中。这不是什么批评，而是事实。我们的城市、我们的企业和我们的消遣方式都是在民众中位数年龄较低、预期寿命较短的时期塑造而成的。

推动本书写作的人口结构变化在几十年前就已经可以预见，但社会和商界一直迟迟未能有所动作。也许人们之所以秉持这种置若罔闻的态度，是因为没有历史先例来供我们借鉴。

第二章中，我们描述了老年人口增加和年轻人口减少对我们日常生活所产生的影响的广度和带来变化的幅度。认识和理解老龄化的事实比较容易，但真要加以应对就困难得多。

为了应对这个现象及其引发的社会挑战，世界卫生组织于2006年召集了22个国家33个城市的代表，以便帮助该组织确定哪些关键要素支持积极和健康老龄化的城市环境。世界卫生组织之所以如此做，是因为他们认识到，寿命增加和生育率下降的结合意味着老年人必须延续他们在社会中所发挥的积极作用。

城市环境必须具有包容性、无障碍性，并鼓励积极的老龄化。世界卫生组织的"老年友好城市"规划现在已经纳入了一些世界主要城市，这些城市正在努力营造对老年人友好的城市环境。例如，自 2002 年以来，加拿大的不列颠哥伦比亚省一直在实施其老龄友好倡议。

正如我们需要为市民提供老龄友好的城市一样，我们也需要为患者提供老龄友好的医疗服务，为雇员提供老龄友好的工作场所，以及与本书主旨最为相关的，为消费者提供老龄友好的业务和品牌互动。

最近的一项研究显示，54% 的 60 岁以上者抱怨他们即使戴着老花镜也读不了产品标签。另一项独立研究也显示，65 岁以上者中有近一半儿的人因为包装问题难以打开塑料奶瓶或罐子等产品的盖子。更严重的是，英国政府的一份报告估计，英国每年有 6.7 万人因为涉及食品或饮料包装的事故而前往医院急诊室就诊。我们有理由认为，这些受害者中超过 50 岁以上者的占比极高。

面对这个老龄化现象，商界需要反思自己的惯常做法，以便人们在变老后仍然能继续消费和享受产品与服务。要实现这一点，我们需要认识到，消费者的感官、身体和心智的衰老可能会开始限制他们成年后一直惯用的产品和服务的使用、享受或关联——他们可能会继续使用这些产品和服务，直至年事极高，但前提是这些产品对他们合用。此外，我们需要考虑对那些为缓解衰老影响而专门设计的产品和服务的要求。

如果公司要适应"新常态"，它们就必须改变营销思维——但是从哪里开始呢？

在本章中，我们将讨论通用设计的重要性，但也需要指出，如果它被视为老龄友好的唯一内涵，那么又会带来何种危险。我们将以苹果公司为例，说明如何在不减损"酷"感的前提下，应用老龄友好的原则，以及通过采用中性实践无意中吸引老年消费者所带来的盈利结果。最后，我们定义了一个理想的老龄友好评估过程标准，还有公司想要将这些原则应用到它们的运营中所面临的挑战。

第一节 通用设计

通用设计的原则为我们这个时代带来了一条格言。

为年轻人设计，你就会把老年人排除在外。为老年人设计，你就会把年轻人纳入其中。

通用设计的起源可以追溯到 20 世纪 50 年代，它并不是一个新概念，而是已经从最初专为残障人士设计的考量演变为更为广泛的概念，即创造对产品可达性限制最小的产品。

尽管有这样的历史沿革，而且越来越多的政府立法规定了无障碍可达性标准，但是通用设计的例子却乏善可陈。

然而，仍有一些显而易见的案例表明，产品可以被设计成既能适应各个年龄段消费者不断变化的生理功能，又丝毫不减其吸引力。只是这些例子被不断引用的事实表明，它们更多是例外而不是通行规范。

对于公司来说，如果仅仅因为它们尚未准备好调整自身设计程序，或没有意识到这种需要，就要因此对客户使用其产品的体验产生不利影响，这显然不合商业理念。

通用设计倾向于关注产品设计中的人为因素，这只是消费者购买周期中的众多元素之一。为了确保提供真正老龄友好的体验，公司必须从老龄化的角度来看待整个客户消费历程，覆盖所有触点，并消除所有可能的障碍。我们在第四章中对此已做过进一步的讨论。

老年人并不希望总是被提醒他们已经老了，尤其是在购买新产品的愉快过程中。与其通过强调客户的年龄来吸引他们，公司更需要将这种年龄造成的障碍和不便最小化，并将成果无缝、自然地融入客户消费历程中。

基于以上思想，作者将"老龄友好"概念定义为"一种让老年人独特的身体需求以一种自然的、对所有年龄的人都有益的方式得到满足的环境"。

苹果公司是老龄友好的吗?

苹果公司的例子证明,公司对于"如果生产出同样吸引老年消费者的产品,就会疏远年轻消费者"的担忧,完全是杞人忧天。

任何最近购买过苹果公司产品的人都将体验到老龄友好型客户消费历程带来的益处。苹果公司品牌能做到这一点到底是有意为之,还是源自该公司众所周知的对细节和简练设计的痴迷,目前尚不清楚。但是,只要快速检视一遍苹果公司产品的客户消费历程,我们就会发现该公司产品之所以老少皆宜的原因。

传播——我们的消费历程从广告信息和图像开始,这些信息和图像通常聚焦于产品,有时还包括跨越几代人的人物形象。没有人被排除在外。这是经典的中性营销。所有的传播都是清晰和简单的,无论是视觉上还是语言上。

在线——公司网站易于浏览,并避免了许多科技公司网站明显的缺陷,后者的网站往往充斥着技术术语、动画菜单和其他功能,分散了老年人的视线和思维。

零售——苹果公司商店的特色是明亮宽敞的布局、方便接近的齐腰高放置的产品、清晰可见的标签,以及最低的环境噪声水平,一些商店还提供座位。

产品——在产品层面,苹果公司直观的软件界面以其简单易用而闻名。iPad及其配套的App让用户界面变得更加简单。由于其如此简单易用,以至于在2011年11月的美国众议院初选中，养老院的居民使用 iPad 进行了投票。

销售支持——正如在第四章中提到的，老年人对自动电话应答系统缺乏耐心，更喜欢与真人交谈。尽管有些等待时间是不可避免的，但苹果公司呼叫中心的员工以有问必答、乐于助人、耐心且善解人意而闻名。

苹果公司的老龄友好举措为其带来了商业回报吗？

对美国市场进行的研究表明，46% 的苹果公司客户年龄在 55 岁及以上，几乎是家庭计算机用户中该比例（25%）的两倍。苹果公司对此回应称，55 岁以上的用户占比并不像之前宣称的那么高，但巧妙地补充道："我们很高兴我们的产品能吸引 1 到 100 岁的所有人。"此外，苹果公司最近还成为世界上最有价值的公司之一。

苹果公司在经济上的成功当然不能完全归因于它采用的老龄友好原则。然而，无可争议的是，该公司兼容并包的做法和对简洁与细节的痴迷是其为用户带来老龄友好型产品的关键所在。苹果公司已经建立了一个堪称现象级的成功业务，无论对儿童、年轻人还是对他们的父母乃至祖辈都有吸引力。苹果公司是一家真正年龄中性的公司。

苹果公司并不是唯一一家凭借吸引多代消费者而获得商业成功的公司。

表 8-1 详细介绍了其他成功的年龄中性产品的例子。在大多数情况下，这类成功与其说是有心栽花，不如说是无心

插柳。

表 8-1　因其年龄中性所带来的吸引力而获得成功的
公司和产品类型

最初提案	结果
Facebook 起初是为大学生设计的	目前在 55 岁以上人群中用户增长最快
奥秀 Good Grips 系列产品是为手有关节炎的（老年人）设计的	通用设计使它们老少通吃，销售额以每年 50% 的速度增长
"冒险度假"曾被认为是寻求刺激的年轻人的专属领域	年长的冒险者更有闲有钱，这导致了专项旅游服务的激增
人们曾假设 iPad 新技术的早期采用者会更年轻	在美国，22% 的平板电脑用户和 31% 的电子阅读器用户的年龄在 50 岁以上
豪车曾被认为是由商务人士购买的	美国主要豪车品牌的车主平均年龄为 55 岁

这些例子提供了令人信服的证据，说明使用年龄细分不再是默认的营销策略。

年龄中性的定位和老龄友好的客户体验双管齐下，才是最适合客户未来人口结构的营销方法。

第二节　成功的标准

要建立一个成功的模式来引导老龄友好的思维，最好从何处开始？那就是先了解一番那些已在不同行业中使用的现有方法的优势和局限性。

本书前面提到过，世界卫生组织的老年友好城市规划可能是最著名的例子。不过其衡量标准只涵盖了 84 个项目。这些实际上是需要评估的"问题"，而不是只需要加以应用的客观测试。

有些其他行业已经建立了老龄友好性和可达性的规范，但这些都是非常技术性的，对于普及应用来说行业比较特殊。

麻省理工学院的"老龄模拟套装"（见第四章）是一个很好的模拟器，虽然很难使用，但是它给年轻设计师们提供了一种体验变老是什么样子的方法。该产品初衷是通过提高设计师对老年用户需求的同理心，来改善他们所创造的产品。但这是一个定性的经验过程，不能提供任何数据来评估其成功与否。

神秘购物者、深度访谈和可用性测试在了解（老年）消费者在线上和线下对产品、服务和环境的反应方面都发挥着重要而具体的作用。然而，史蒂夫·乔布斯巧妙地捕捉到了这些方法所面临的最大挑战之一，他说："一个伟大公司的工作就是生产出客户未曾设想过但能立即让他们垂涎三尺的产品。"

因为许多老年消费者对自己生理上的衰老持否定态度，除了与可视性和灵巧性相关的最常见抱怨，他们并不愿意对产品多做评论。此外，他们可能根本没有意识到，存在可对自己的用户体验加以改善的创造性可能。例如，在一个评估最体现老龄友好性的电视遥控设备的客户项目中，我们的 AF 审核工具揭示了对控制按钮附加听觉反馈的需求，这在手机键盘上已经司空见惯了。然而，在 12 次对老年用户的深度访谈中，没有一个人提及这个要求，因为这不是他们体验过的功能。

英国物理学家开尔文勋爵曾在 20 世纪之交评论道："没有度量，就没有提高。"因此，如果我们想要改善产品的老龄友好状况，就需要对其加以度量的工具。但我们正在面对的现象是人类历史上前所未有的，所以我们自然得凭空创造一个解决方案。

作为本书作者，我们认为，为了推进老龄友好的概念，必须创建一个满足七个关键标准的过程。

一、全面性

该过程必须包括衰老的所有主要生理效应和所有可能影响消费者行为的常见触点。即使某些效应或触点可能在某些情况下并不适用，在概念中也必须容纳它们。例如，味觉和嗅觉的生理效应与服装或金融服务无关，但对食品和化妆品却至关重要。

二、灵活性

正如本章前面所提到的，有许多高度专业化的系统用于衡量特定行业和环境的老龄友好性和可达性。试图创建一个与

233

所有业务相关的平台，并使其达到与专业系统相同的特定细节水平，这个目标是不现实的。不过，要致力于成为一个被普遍接受的度量模型，该过程必须足够灵活，可以应用于所有类型的产品和服务，而不必考虑行业差别。

此外，每个企业或品牌都可能有其独有特色，需要对特定的生理效应和特定客户消费历程中的触点加以度量。该过程必须足够灵活，以便将这些特色纳入不同形式的传播渠道、零售环境等。

三、整体性

在第四章中，我们讨论了为什么在研究那些试图吸引和服务老年客户的过程中遭遇的潜在障碍时，探查整个客户消费历程是至关重要的。我们的经验表明，公司的本能反应是对其营销过程中的个别元素进行一些装点门面的改变。这必然会导致失败。

一项老龄友好的方案无论由哪个部门主导，除非营销过程中的所有元素都得到问询和度量，否则组织总体的老龄友好性只会与其最薄弱环节看齐。

为了帮助克服这种组织筒仓各自为政的障碍，该工具必须能够（实际上它必须促进）对整个客户消费历程中的所有触点进行全面评估。

四、一致性

照明不够吗？环境噪声太大了吗？架子是不是太高了？这些只是在整个客户消费历程中需要考虑的问题中的一小部分。但是，为了确保在不同时间和地点进行一致和准确的评价，必须尽量减少过程的主观性，而采用客观措施。例如，测量照明时应该用到流明水平，测量环境噪声时用到分贝水平，测量货架高度和移动距离时则用到间距。

使用绝对的而不是主观的度量将减少人为错误的机会，并带来更一致的结果，无论测试场合和测试者如何改变。

五、可比性

无论如何进行测试，都必须生成一个数据集，以便比较随着时间推移以及不同地区的客户消费历程之间的老龄友好性变化。某组织老龄友好性的变化还需要与该组织竞争对手的相对老龄友好性进行比较。

六、可承受性

如果老龄友好要成为普遍采用的管理指标，那么其度量过程必须在较大范围内是"可承受"的。这既指进行测试的成本可负担，也指测试者要具备适当和准确地执行测试所需的前提技能。

在某些情况下，对客户消费历程的某些方面，例如零售商店布局、测量打开和关上包装所需的力进行实验室测试或对照测试的做法可能是可取的，甚至是关键的。这种测试可能很昂贵，而且需要专业技能。

其核心方法必须给出一个可承受的基础，突出这些专业测试和研究的必要性。

七、可执行性

医学科学为衰老对人类生理的影响提供了许多见解，但若要说将这些知识转化为能够借此做出商业决策的信息的方法，却可谓寥寥无几。

因此，任何评估体系的关键要求都是，将研究和科学凝练为一个过程，创造出可以被商业领袖们理解并采取行动的产出，而无须他们先攻读一个老年学博士学位。

总之，我们需要一种工具，使受过有限培训的个人就能够进行老龄友好性评估，从而得出一个准确、清晰、可执行的路线图，用以提高品牌或业务对老年客户的吸引力。

运用这些标准加以衡量，现行评估方法的得分如何？

表 8-2 中的矩阵基于上述标准，评估了可用于度量老龄友好性的各种方法。

有许多有用的工具可以帮助企业了解它们与老年客户之间可能存在的障碍，但没有一种工具能够达到所有标准。

表 8-2　对当前可用于衡量老龄友好性的技术的适用性，
根据上述标准进行的评估

各项标准	全面性	灵活性	整体性	一致性	可比性	可承受性
世界卫生组织老年友好城市			√			√
行业标准	√		√			√
MIT 老龄模拟套装		√				
神秘购物者		√		√	√	
可用性试验		√			√	

　　在理想情况下，评估过程在完成其衡量老龄友好性的主要任务的同时，也可以有助于提升人们对老龄友好必要性的普遍认识。这将类似于"绿色审核"是如何既改善了企业对环境的影响，又提高了人们对可持续性问题的意识一样。

　　随着时间的推移，通过其无所不在的应用，通过商业和政府各个部门的推广，老龄友好的概念可以在创造商机的同时，为我们的老龄人口创造一个更美好的世界。

第三节　为什么公司迟迟不接受老龄友好

　　如果与人口老龄化相关的商机如此明显和巨大，那为什么公司反应迟缓？

　　如前所述，缺乏先例是不作为的绝佳借口。许多公司根本不知道从哪里开始。而采取静观其变的态度，观察整个行业及其直接竞争对手的反应，似乎也不会有任何不利后果。

与此同时，公司向来也不乏其他需要管理者关注的问题。如果一家公司的总部设在欧洲或美国，那么如何在经济衰退中生存下来才是最重要的。亚太地区的公司则面临着相反的问题：如何应对快速增长。

公司反应迟缓还有许多其他原因。

以下是五个最常见的借口。

一、青春的吸引力

我们都有被年轻事物吸引的自然倾向。

问问一个 30 多岁的品牌经理或广告主管，他们是更喜欢做一个针对年轻人的活动，还是一个需要包容老年消费者的活动。年轻的选择总会胜过包容年老的选择。

年轻人更容易对同龄人的动机和情感加以概念化，而不是为他们的父母祖辈着想。每个人都经历过人生的年轻阶段，但没有人经历过变得比现在更老是什么情形。要了解老年人，我们不得不根据对自己父母和亲戚的观察来推断，这往往还不够准确。

遗憾的是，许多广告宣传活动正是基于创意总监对他们父母的观察。

从组织的角度来看，企业的当务之急必须是克服制度化的年龄歧视偏见——这是许多企业文化中根深蒂固的观念。

二、认为顾客"没那么老"的观念

值得注意的是，许多公司实际上并不了解其客户群的总体人口构成。有时，它们的决策是基于直觉，但这种直觉可能是无可救药的错误。我们的经验是，公司往往认为它们的客户比实际情况更年轻。

即使客户的中位数年龄并不大，仔细探询一番数据还是可能会发现老龄段区间的密度较高。正如在第二章中所讨论的，城市地区的人口通常比小城镇和农村地区的人口年轻。

一个国家内部的人口年龄差异往往大于国家之间的人口年龄差异。

三、更优先的事项

正如臭氧层空洞问题拖延了几十年时间，需要全球政府一同施加压力才迫使公司采取行动一样，客户群老龄化很少成为最紧迫的优先事项之一。特别是在高管任期都很短的形势下，人们很容易把这个问题搁置一旁，留给继任者去伤脑筋。因此，客户老龄化问题常常被更吸引人的项目所取代，后者被认为更可能产生立竿见影的效果。

人口结构的变化没有停滞或放缓，它正在加速。决定抓住这个机遇的公司将获得先发优势，以及由此产生的显著成本和竞争性收益。

在与我们共事过的客户中，大多数人倾向于对他们的老龄友好计划秘而不宣，因为他们深谙先发制人之道。改变一个组织的客户消费历程需要时间，公司不想透露它们的战略，直到它们有切实的证据证明其可以成功。

四、缺乏所有权

正如本书中反复提到的，将业务转变为老龄友好性的是一项贯穿全公司的挑战。如果它是由一个单独的部门发起的，就可能很难获得所有需要方的积极合作。如果没有最高管理层的支持和鼓励，即使努力预见客户老龄化带来的机会，其行动也可能仍然局限于单个部门。

五、缺乏具备必要技能的常驻员工

很少有公司认为，他们拥有具备必要技能的员工，能够理解人口变化的影响，并据此采取行动。这也许是对的，但考虑到老龄化是发达经济体面临的最大挑战之一，这个问题是肯定可以得到纠正的。

公司与其坐视情况恶化，不如在日渐壮大的老年高管队伍中，组建一支具备应对这个挑战所需技能的胜任团队。

在一个老龄化的世界里，采取包容的、老龄友好的战略是一个简单不过的常识，这不仅是为了让公司通过消除整个客户体验中可能存在的障碍来保留日益增长的老年客户群体,而且也是一种战略武器,以便从动作迟缓的竞争对手那里吸引客户。

这些变化可能是宏大的,涉及产品或零售商店的设计,也可能是细微的,但几乎确凿无疑的是,必须做出改变。问题是从何处开始,又如何开始。

我们需要一个标准的评估过程,就公司需要"做些什么"提供明确的指导。在下一章中,我们将为此提出一个解决方案。抛开过程不讲,为了确保业务成功转型为真正老龄友好型,企业的思维模式就需要改变,且所有部门必须齐心协力。

本章小结

世界正在见证的人口结构变化在几十年前就已经可以预见,但社会和商界一直行动迟缓。我们仍然生活在一个由年轻人设计、为年轻人服务的世界之中。这不是什么批评,而是事实。

正如我们需要老龄友好的城市一样,我们也需要为患者提供老龄友好的医疗服务,为雇员提供老龄友好的工作场所,为消费者提供老龄友好的业务和品牌互动。

面对这个老龄化现象,商界需要反思自己的惯常做法,以便人们在变老后仍能继续消费和享受产品与服务。

我们需要认识到,消费者的感官、身体和心智的衰老可能会开始限制他们成年后一直惯用的产品和服务的使用、享受或关联——他们可能会继续使用这些产品和服务，直至年事极高，但前提是产品合用。此外，我们需要考虑对那些为缓解衰老影响而专门设计的产品和服务的要求。

苹果公司的例子证明，公司对于"如果生产出同样吸引老年消费者的产品，就会疏远年轻消费者"的担忧，完全是杞人忧天。我们可以在不减损"酷"感的前提下，应用老龄友好的原则。根据年龄划分客户的公司，会面临将庞大而有利可图的老龄化消费者市场排除在自身业务外的风险。

为了推进老龄友好的概念，其评估体系必须满足七个关键标准，即全面性、灵活性、整体性、一致性、可比性、可承受性、可执行性。有许多有用的工具可以帮助企业了解它们与老年客户之间可能存在的障碍，但没有一种工具能够达到所有标准。

第九章

评估老龄友好性

CHAPTER 9

前一章中我们指出，公司需要采取老龄友好实践，以便帮助它们满足老年顾客的需求。本章将阐明它们如何开始。

当公司试图制定老龄友好战略时，面临的直接障碍是缺乏驱动决策的业务指标。

首先，公司需要一种方法来衡量它们目前的老龄友好性，还有它们竞争对手的情况。其次，调研的结果必须是一个简单可行的路线图，规划了明确的行动。

怎样才能将大量关于身体衰老的复杂研究转化为一种方法，为那些不太可能拥有老年学博士学位的商业领袖提供实际指导？

本章首先给出了一个评估业务对老龄友好程度的简单测试。然后会引入和解释我们所创建的一个工具：AF（老龄友好）审核工具集。

第一节　你的公司是老龄友好的吗

在本书中，我们始终强调评估整个客户消费历程，以便确定品牌体验是否老龄友好的重要性。

　　回答表 9-1 中列出的 6 个问题，可以揭示公司是否以对老龄友好的方式运营。给以下每个问题打 1 分、2 分或 3 分，其中 1 代表"从不"，3 代表"总是"，然后把总分加起来。你也可以在 www.age-friendly.com/quickcheck 上在线做这个测试。这些非常基本的问题为公司在整个老年客户消费历程中要考虑到的其体验之处给出了指引。

表 9-1　确定公司老龄友好性的简单测试

老龄友好性快速检验	得分 1= 从不 2= 很少 3= 总是
我们使用创新技术制作广告，这些技术在老年客户中进行了测试	
我们将老年人的需求和行为纳入了我们的社交网络战略	
我们定期测试我们的网站，以便确保它提供的在线体验便于老年人浏览和理解	
我们的零售店铺布局、产品布局和环境，以及我们与客户联系的员工的培训都照顾到了老年客户的特殊需求	
我们设计的产品和服务涵盖了老年人的特殊需求，但并不明显地提及年龄	
我们确保销售和支持呼叫中心的设计及其员工的培训能够回应老年客户的需求、担忧和不满	
你的总分 =	
最高总分 =	18

以下是你所得分数的含义：

分数 ≥ 15

干得不错！你似乎已经明白生理衰老带来的影响，但不要骄矜自满。真正的考验是了解你的老客户是否同意你的观点。

分数 =10~14

问题迫在眉睫。尽管你似乎对生理衰老对老年顾客的影响有一定的了解，但是你仍有可能流失客户，将他们拱手让给那些更加老龄友好的竞争对手。疏远年长的客户会对你的生意不利吗？如果是这样，那么你应该进行更彻底的老龄友好性评估，并采取纠正措施。

分数 ≤ 9

严重的风险。你可能会让年长客户感到相当不快，以至于他们会弃你而去，转而寻找更为老龄友好的竞争对手。如果你还没有检验过老年客户对业务的贡献，那么你应该这样做。你亟须重新评估你的业务实践，并采取纠正措施，使客户体验对老龄友好。

如第八章所述，如果一个过程要提供对老龄友好的全面、准确和实际的评价，它就必须满足七个标准：

全面性——该过程必须包括衰老的所有主要生理效应和所有可能影响消费者行为的常见触点。

灵活性——其必须适用于所有类型的产品和服务，不管其隶属什么行业。

银发营销
老龄友好型社会的商业机遇

整体性——其必须能够评估整个客户消费历程中的所有触点。

一致性——其必须尽量减少主观性，尽可能采用客观度量。

可比性——其必须采用一种标准的评分方法，使数据能够被加以组合、分析和比较。

可承受性——其必须是所有规模的公司都可负担的，并可由研究人员大规模应用，而无须烦琐的专业培训。

可执行性——其必须将研究和科学凝练为一个过程，并由此产生对商业领袖来说实用和可执行的指标。

前文的快速问题列表可能会让你略窥某个公司的老龄友好性，但它不能满足这些标准中的大多数。其实目前大多数的评估形式，例如 MIT 的老龄模拟套装、神秘购物者、可用性研究等，也基本是这般状况。

2010 年，我们得出结论，没有任何工具能够满足所有标准，并因此决定自己动手，创建一个能够满足所有标准的工具：AF 审核工具集。本章接下来的部分描述了该流程的开发和提炼，其为任何类型的业务提供了可操作的结果，并已用于评估超过 50 个客户消费历程。

第二节　AF 模型

老龄友好审核的本质很简单。

客户消费历程的不同变量被划分为一系列独特的触点。然后，对每个接触点进行评估，以便了解客户的感官、身体和认知衰老可能对其产生的影响。

我们首先定义了一组需要考虑的生理效应。详细的解释已在第五章、第六章、第七章中给出。医生和老年学家可能会确定更多的衰老影响，但我们的目标更紧迫而不求如此全面，因此只使用那些影响消费者行为，并且可以通过切实可行的商业措施加以补救的影响。

理解客户体验的模型在第四章中有所描述，包括将体验分组到业务的五个领域。所谓的"CORPS"体验分别定义为：

传播（C）——所有形式的营销传播，包括广告、公关、赞助、活动等。

在线（O）——使用搜索引擎、品牌、企业网站和支持帮助以及电子商务微型网站的体验。

零售（R）——实体零售购物体验的所有方面。

产品（P）——准备并使用产品及其所有配套材料，包括包装。

销售支持（S）——销售和支持产品的实体方面，包括面对面和电话沟通。

在度量这些客户体验之前，需要将它们分解为各自的组成部分。

一、客户体验层次

我们将 CORPS 的五种体验分解为下一个细节层次——子体验。这是体验与客户连接的点。例如，包装是产品体验的子体验。

然而，为了度量老龄友好性，我们还必须将子体验扩展到下一个细分级别，即触点。

表 9-2 展示了如何将产品"体验"划分为因素层次结构。在触点层次，就可能体现衰老的生理影响。

表 9-2　展示如何将图形触点与 CORPS 体验中的产品因素联系起来的示例

体验 客户消费历程的类别	子体验 企业和消费者之间的交集	触点 被测量的特定点
传播 在线 零售 产品 支持		
	组装 设计 包装 定价 保障	

续表

体验 客户消费历程的类别	子体验 企业和消费者之间的交集	触点 被测量的特定点
		图形 搬运 信息 开闭 文本

我们发现，有必要将 CORPS 客户体验扩展到 200 多个触点，方能达到构建满足所有 7 个评价标准的老龄友好模型所需的细分级别。

只需将该模型稍加应用到实际情况中，就可以发现公司和客户之间的关系总是会产生必须加以衡量的独特触点。衡量是否追加某触点的规则是，如果它可能对客户的体验造成重大障碍，并且可以通过切实可行的商业措施加以补救，就可以将其包含在内。

为了适应这个需求，AF 审核工具集必须能够容纳客户特定的更改和包含。

二、跟踪 AF 客户消费历程

在定义了客户触点和衰老的生理效应之后，还必须将这两者结合成一个单一的模型。

为了实现这个目标，我们对 200 个接触点进行了逐一考量，并确定了其各自关联的衰老生理影响，这些影响需要依赖具体触点才能实现可接受的客户体验。

表 9-3 显示了客户体验的层次如何与可能损害其质量的衰老因素相联系。

表 9-3　客户体验的层次和可能损害体验质量的老龄化影响

CORPS 体验	子体验	触点	相关联的衰老影响
传播	直接邮寄广告	实体册开本	手部灵巧性
传播	广告创意	色彩	视力（清晰度）
产品	组装	难易度	柔韧性
在线	网站	对比	认知（复杂性）

许多触点都涉及多个衰老效应。例如，在一个网站涉及的众多触点中，动画的质量和数量会给老年人带来重大问题。动画图像可能会提升网站的功能，或者相反，也可能会分散注意力，使体验更复杂、更困难。这个问题的出现源于认知衰老。

动画菜单可以协助网站操作，但这需要优秀的光标 – 眼协调能力，而通常情况下，这会阻碍老年用户的网站浏览。灵巧性的丧失导致了这个问题。

有些触点涉及衰老带来的两种或更多的生理影响。这些例子如表 9-4 所示。

表9-4 涉及多个衰老影响的触点例子

消费者触点	生理影响
阅读报纸广告	视力（清晰度） 理解能力
浏览网站	手部灵巧性 复杂性
组装产品以供使用	力量 复杂性 视力（清晰度）
购买产品后给客服代表打电话	听力（清晰度） 听力（响度） 理解能力 复杂性

触点和衰老之间的许多关系似乎很明显，也很容易定义。有些确实如此，但也有不少关系比乍一看要复杂得多。

大多数人都知道年龄和字号大小之间的关系，但很少有人了解照明不足所造成的问题。这是大多数电梯设计师似乎都忽视的一个问题。试图在电梯内幽暗的空间里辨认楼层按钮是老年人经常遇到的问题。

与衰老的明确影响（例如视力、听力和灵巧性）不同，有些影响更难察觉，却涉及多个触点。不同类型的认知衰老会影响所有 CORPS 体验。

将衰老影响与每个触点关联起来的过程并不简单，但其奠定了任何评估老龄友好性的工具的基础。这是构建 AF 审核工具集时最有挑战性的任务之一。

三、度量和评分

除非有一种方法可以对克服老年消费者可能遇到的问题方面的实施效果进行量化，否则即使对触点及其相关衰老影响进行明确规范，也几乎没有什么大用。

为了让其有用，每个触点必须有一个可测量和可比较的度量标准。

其困难之处在于，许多触点没有既定的度量惯例。以下例子是我们遇到的一些问题和给出的度量解决方案：

货架高度——在零售商店中，合适的产品货架高度是多高？由于不同年龄段和地理区域的人的身高不同，因此有必要根据实施审核的特定国家的男女性的平均身高来打分。

照明——什么是零售商店的理想照明水平？现有的研究为合适的流明水平提供了指导。基于这些度量指标，我们确定了包装、货架标签和特定距离标识的理想流明读数。

色彩对比——在什么情况下，低色彩对比会使营销资料印刷件或网站难以阅读？为了确定色彩之间的最小可接受对比度水平，我们使用了由万维网联盟建议的亮度对比度算法。

座位——商店提供适合老年人的座位吗？座位过低会造成坐下和站起的困难。座椅的理想高度是坐下时大腿与地面平行或高于膝盖——这需要根据每个国家的平均身高数据计算出来。同样重要的是，座位上需要有扶手以供借力。

网络搜索——使用搜索引擎在网上找到关于公司产品的信息有多容易？由于谷歌占全球网络搜索份额的 80% 以上，因此我们将其用于测试。对于说中文的国家，测试也会使用百度。随着谷歌的搜索页面布局变得越来越复杂，老年人在搜索特定公司或产品时可能会感到困惑和厌烦。通常，在用户需要的 URL 地址前，还会排着许多其他搜索结果。我们认为，理想情况下，所需产品的列表应该以付费广告的形式出现，或者出现在搜索排名前五的 URL 中。

设置这样的标准可以使审核员（进行评估者）更准确地打分，其结果也更具有可比性。从上述例子可以明显看出，在确定色彩对比度和可接受的照明水平等情况下，可以采用既有的行业惯例或对其稍加修改。在尚无此类惯例存在的领域，我们就自行创建。

要对老龄友好性进行全面审核，就需要对与客户消费历程相关的所有触点严格应用一系列这类题目和测试。

此外，为了从过程中获得指标，每个触点都需要"评分"，为此，我们使用了现有的"1 到 5"评分方法。在 AF 审核量表中，"1"表示"不可接受"，而"5"表示"完全老龄友好"。在此基础上，4 分或以上的分数可以被称为"老龄友好"。

为了确保评分的一致性，有必要对每个触点的度量给出明确的指导方针。这些指导方针是针对 AF 审核题目制定的，详见表 9–5。

表 9-5　度量老年人触点有效性的问题示例

触点	问题	题目 / 测试
印刷广告创意	阅读印刷广告中使用的文字有多容易	用千分尺测量正文文本的磅值。10 磅字号被认为是最低接受限度，得分为 3 分。因为衬线字体比较难读，所以被扣了 1 分
网站语言的使用	网站是否使用了让人难以理解的语言或表达	如果该网站使用了适合所有年龄层的清晰语言，那么得分为 5 分。然而，如果该网站使用行话、复杂的技术语言和过于年轻化的表达，那么它的得分最低，只有 1
零售环境的照明情况	店内光线是否足够让你清楚地看到陈列的产品和包装	使用测光表，在 2 米的距离上测量流明读数 $\geqslant 800 = 5$ $701 \sim 800 = 4$ $651 \sim 700 = 3$ $601 \sim 650 = 2$ $\leqslant 600 = 1$
零售环境的视觉效果	商店中的视觉干扰是否使购物体验变得困难和混乱	井然有序的陈列，让商品一目了然，便于挑选，得分为 5 分。而杂乱无序的陈列会让购物体验混乱或难以导向，得分为 1 分

表 9-5 中这些例子展示了如何对审核员定义触点——首先解释被审查的问题，然后提供关于应该如何度量触点的具体指导。

通过上面概述的程序，可以将衰老的相关生理效应匹配到每个触点，然后应用一致的评分方法，以确保结果数据的一致性和可靠性。

在本章的后面，我们将说明智能手机 App 技术如何为众多测试的实施提供帮助。

并不是所有的触点都与特定的生理效应相联系。例如，没有什么可量化的因素可以用于测试产品设计，以便确定它是否减少了错误或事故的机会，或用来评估销售支持人员对产品的了解。而这两个例子都与老龄友好有关，而且很重要。

我们称这种情况为"感官独立"，即不受特定生理效应影响的触点。在 AF 审核中，大约有三分之一的问题是"感官独立"的。

四、定制审核

在创建了评估每个触点的题目之后，在 AF 审核完成之前还有三个问题需要解决。如何调整这些题目来应对以下问题？

公司特有的问题，例如是否需要关注特定零售商店类型或特定地点的特定库存单位？是否有一个特定的传播方式或网站？或者有一个特定的电话求助热线？

特定公司所属的行业或部门。例如，与金融服务公司相比，快速消费品业务触点的侧重点和重要性会有所不同。

不同年龄的"老年人"。例如，如果客户年龄仅为 50~60 岁，那么其衰老影响的重要性与超过 75 岁的客户不可同日而语。

最终，该系统必须既能够处理这种程度的复杂性和灵活性，又仍能方便审核者使用，而无须参加技术培训。

解决这些问题的最佳方案，可能也是唯一的方法，就是使用云计算和平板电脑技术的结合。

第三节　AF 技术平台

鉴于 AF 审核模型的复杂性，我们无法使用传统的技术，例如纸质核对表和电子表格来实施。需要定期编辑的题目太多，数据总量太大，人为错误的空间也太大。

在进行单次审核时，对更复杂的处理方式的需求已经十分明显，而当多名审核者在多个地点和国家同时进行审核时，这种要求便会呈现十倍乃至更多的增长。

我们需要一种更复杂的数据收集和处理模式。

用于实现 AF 工具的计算架构有两个组成部分：一个是管理行政功能的处理"引擎"，另一个则是使审核者能够收集触点数据的 iPad App。

一、AF 引擎

管理 AF 工具的处理引擎是一个基于云的 Web 应用程序，其具有：

灵活性，允许针对个别公司和行业需求定制审核。

可扩展性，提供对可能同时进行的数百个审核的集中管理。

复杂性，支持跨越行业、公司、其子公司及其竞争对手的数据分析和比较。

交互性，允许实时监视所有审核。

安全性，提供多级用户权限和防火墙来保护公司机密数据。

AF 引擎被用来对审核进行设置和定制，以便应对公司和行业的特定需求。

图 9-1 所示为 AF 引擎的题目管理界面。该界面显示了本章前面讨论的多层次客户体验是如何在计算机模型中实现的。

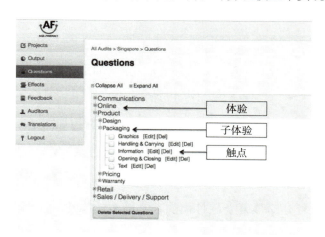

图 9-1　用于管理客户体验的 AF 引擎界面

在这个屏幕上，可以删除不必要的题目，也可以添加公司的特定图像和它们的广告、产品和网站的特定链接，还可以评估关于零售渠道的图像和信息。在审核的初始设置过程中，AF 引擎会提示用户编辑那些需要定制以便反映公司和行业特性的题目。

一旦审核者评估了某个客户消费历程的老龄友好性，数据已经上传，就可用 AF 引擎管理该输入。

图 9-2 所示为 AF 引擎屏幕，在屏幕上可以查看和编辑分数、图像文件和上下文注释。

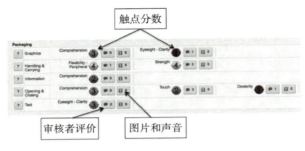

图 9-2　AF 引擎输入管理界面

一旦收到审核输入并完成项目编辑，就可使用 AF 引擎对信息进行分析和绘图，并以图形、表格和数据格式生成输出。图形、表格功能将在本章后面讨论。

此处是对该复杂软件模块非常简短的描述。在网址 www.age-friendly.com/videos/AF_engine 上有一个视频，对该工具进行了更详细的解释。

二、AF iPad App

一个客户消费历程可能包括超过 200 个需要评估的触点。审核者，也就是进行评估的人，需要一种简单便捷的方法，以便：

阅读题目，解释需要度量的内容。

记录分数和任何相关的评论。

记录图像和声音来使评分理由具体化。

即时传送输入以供分析。

苹果的 iPad 是实现这些要求的理想技术平台。

AF iPad 应用程序是一个定制的、仅授权可用的工具（在 iTunes 上不可获得），包含通过 AF 引擎定义的特定审核参数和题目。其通过针对每个触点的题目和测试对审核者进行指导。图 9-3 显示了完成触点测试功能的屏幕图像。

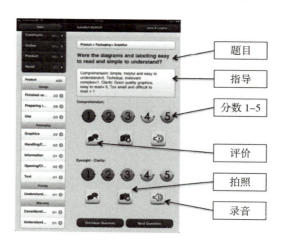

图 9-3　用于测试触点的 AF iPad App 屏幕截图

苹果 iPad 能够捕捉图像和录音，而这两者都是进行全面审核所必需的。

在评估零售环境、包装标签、显示器和其他视觉参考，以便解释为什么打某个分，并添加上下文和具体关于如何提高触点的老龄友好性相关建议时，记录图像的能力是必要的。

在测量环境噪声水平的过程中，通常会记录声音文件，以便演示评估过程中发现的其他音频问题。所有这些多媒体数据和审核者评价都可以使用 AF 引擎进行审查，如图 9-2 所示。

苹果的 iPad 提供了大量第三方 App，可以提供对环境因素的精确测量。这些都是功能健全的商品，而且价格低廉。

AF iPad App 目前使用的第三方应用程序如表 9-6 所示。因为有如此多新的 iPad 应用程序正在不断涌现，这个列表无疑会继续延长。

表 9-6　AF iPad App 目前正在使用的第三方应用程序

工具	度量对象	使用示例
测微计	测量尺寸小如手指，大如 iPad 屏幕	印刷或数字材料的字号大小，包括包装标签和标志，以及包装封闭性
计步器	测量距离	人们需要步行的距离。例如，从停车场到零售商店
音频计	测量环境噪声水平	零售或其他服务环境中的背景音乐音量
测光计	测量照明	整体照明水平加上商店标签和标识的反射光

iPad 被用作数据收集平台的最后一个原因是它能够即时传输数据和连接 AF 引擎，并上传审核者的分数、评价和多媒体文件。

此处只是一个非常简短的对 AF iPad App 的描述。在网址 www.age-friendly.com/videos/AF_app 上有一个视频，对其进行了更详细的解释。

三、分析结果

一旦触点审核完成，AF 引擎就会分析数据并给出结果。有许多方法需要进行这种分析。例如，比较同一公司在不同地点的审核，触点得分如何随时间变化，以及与竞争对手的老龄友好性审核结果进行比较。

图 9-4 展示了实施一个彻底的老龄友好审核所需的输出细节，并显示了使用一个酸奶罐的"产品包装"体验的每个触点得分。

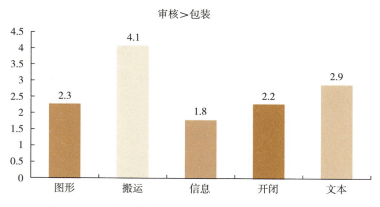

图 9-4 审核酸奶罐的产品和包装部分的图形分数

根据图 9-4 显示，糟糕的图形、信息呈现和容器开闭机制都会给老年消费者带来困难。

给出这些分数的原因是标签上的颜色对比差（分数 =2）、说明书中的技术信息混乱（分数 =2）和难以抓握的开启工具

（分数 =2）。

包装的搬运元素很好（分数 =4），因为其考虑到使散装包装容易握持。文本的大小和颜色对比是令人满意的（分数 =3）。

跨国公司的触点审核要求可能很复杂。以下是我们的一个客户的要求：

在不同的零售环境中对相同的客户消费历程进行多次审核。

在不同国家对购买同一产品的同一客户消费历程进行审核。

与不同国家的主要竞争对手的消费历程质量进行比较。

衡量与上一次审核相比，客户体验的质量发生了怎样的变化。

图 9-5 展示了这种复杂性，其所示为在新加坡和英国对同一产品进行的审核的汇总输出。

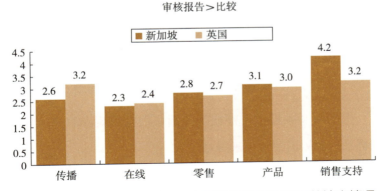

图 9-5　新加坡和英国对同一产品进行的审核的汇总输出情况

致　谢

我们真诚地感谢苏珊娜·阿诺德（Suzanne Arnold）帮助我们厘清自己的文字，并感谢维希斯·米塔尔（Vishesh Mittal）帮助我们解决技术难题。感谢我们的家人和朋友，他们在过去一年里容忍了面对一个英国人和一个澳大利亚人时除了谈论生理衰老和市场营销之类的话题外，几乎无话可谈的窘境。

最后，要感谢那些为我们能够接触和构建衰老的知识体系做出贡献的众多营销者和科学家们。

还要说一句，没有谷歌，就没有这本书。